KOREA

Charles A. Stepan

TAEKWONDO

TRADITIONEN • GRUNDLAGEN • TECHNIKEN

pietsch

Die englischsprachige Originalausgabe erschien 2002 unter dem Titel *TAEKWONDO* bei New Holland Publishers Ltd in London, Kapstadt, Sydney und Auckland.

Deutsche Fassung: **Anja Bornholdt**

Einbandgestaltung: Katja Draenert

Titelbilder: Nicholas Aldridge

ISBN 3-613-50416-2

Ein Unternehmen der Paul Pietsch Verlage GmbH + Co
1. Auflage 2002

Lektorat: Martin Gollnick
Innengestaltung: Viktor Stern
Druck und Bindung: Times Malaysia
Printed in Malaysia

Danksagung des Verfassers

Sam Naples für seine Hilfe bei der Erstellung einiger Textpassagen, James Evans für seine Hilfe bei den Fotoaufnahmen sowie der stellvertretenden Herausgeberin von New Holland Publishers, Karyn Richards, und der Herausgeberin dieses Buches, Lauren Copley, für ihre geduldige Unterstützung. Vor allem gilt mein Dank Großmeister Kae Bae Chun, der mir den Weg gezeigt hat.

Widmung

Für Bitsy … für alles.

INHALT

EINFÜHRUNG

Eintritt in den Dojang

Die koreanische Kampfkunst Taekwondo hat ihren Ursprung im japanischen Karate. Die kraftvollen Tritt-, Schlag und Sprungtechniken des heutigen Taekwondo haben jedoch nur noch wenig gemein mit den ursprünglich aus Japan stammenden Gegenstoßtechniken. Trotz der uralten Wurzeln des Taekwondo entstand die Sportart in ihrer jetzigen Form erst im Laufe der letzten 50 Jahre in Korea. Experten verfeinerten die überlieferten Techniken und entwickelten daraus eine der beliebtesten Kampfkünste weltweit.

Die eigentliche Bedeutung des Wortes Taekwondo ist »Weg des Fußes und der Faust«. Die Bezeichnung »do« beschreibt den Zustand des Einklanges mit sich selbst. Diese Philosophie besagt, dass ein ausgeglichener Mensch ein harmonisches Leben im Einklang mit der Natur und sogar in Frieden mit seinen Feinden führen kann.

Im Taekwondo erfahren die Schüler, wie sie ihr gesamtes menschliches Potenzial weiterentwickeln können. Wirkungsvolle Kampftechniken tragen dazu bei, Mut und Selbstvertrauen aufzubauen und so das Gesamtpotenzial zu steigern. Durch das harte Training erfährt der Schüler zudem Selbstbestätigung.

Taekwondo und Karate

Die grundlegenden Schlag- und Tritt-Techniken des modernen Taekwondo sind vergleichbar mit denen des Karate. Allerdings werden die entsprechenden Hand- und Fußtechniken im Taekwondo anders ausgeführt.

Berühmte Grundtechniken des Karate wie der Gegenstoß oder Vorwärts-, Seitwärts- und Rückwärtstritte sind kraftvolle Techniken, die vernichtende Wirkung haben können. Im Taekwondo wurden diese Techniken noch weiterentwickelt und verbessert.

Im Laufe der Zeit entwickelten Taekwondo-Sportler neue Methoden zur Selbstverteidigung in Form von Stepp-, Sprung- und Drehsprungtechniken, die sich bei Wettkämpfen auch in offenen Turnieren mit Gegnern aus anderen Kampfkunstdisziplinen bewährt haben.

Das vorrangige Ziel dieses Buches besteht darin, Anfänger an die Kunst des Taekwondo heranzuführen und sie auf einen angemessenen Leistungsstand zu bringen. Der Ursprung aller Kampfkünste liegt im Selbsterhaltungstrieb, und auch im Taekwondo-Training spielt der Aufbau einer effektiven Selbstverteidigung eine große Rolle. Keineswegs aber ist die Befähigung zum Straßenkampf vorrangiges Ausbildungsziel dieser Kampfsportart.

Neben den Bereichen Selbstverteidigung, Formen und Bruchtest erlernen die Schüler verschiedene Kampftechniken. Der nächste Schritt ist die Perfektionierung der erworbenen Fähigkeiten. Taekwondo steigert nicht nur Kraft, Schnelligkeit und Beweglichkeit des Trainierenden, sondern es fördert auch dessen Selbstdisziplin und Selbstwertgefühl. Darüber hinaus entsteht eine Einheit zwischen Körper und Geist.

Unter der Anleitung eines Meisters entwickelt der Schüler sowohl technische Fähigkeiten als auch Charakterstärke. Dies erfordert hartes, unermüdliches Training über Wochen, Monate, ja sogar Jahre. Nur durch regelmäßiges Üben und Wiederholen der einzelnen Techniken entsteht allmählich ein instinktiver Mechanismus. Gleichzeitig wird der Geist durch Disziplin und ständige Motivation gefestigt.

Unter strengen Wettkampfbedingungen wird die Leistung der Taekwondo-Schüler immer wieder gemessen. Dabei müssen sie sich ganz auf sich selbst und ihr technisches Können verlassen. Eine Niederlage darf nicht als Enttäuschung für den Lehrer oder die Mitstreiter betrachtet werden, sondern bedeutet ein ganz persönliches Scheitern des Kämpfers. Eine hohe Erwartungshaltung gegenüber sich selbst festigt die Willensstärke des Schülers und stärkt sein Leistungsbewusstsein.

Rechte Seite: Die Farbe des Gürtels signalisiert, welchen Grad der Schüler erreicht hat und welcher Weg noch vor ihm liegt.

Nach Meinung vieler Taekwondo-Historiker wurde die Kampfkunst in der bewegten Geschichte Koreas von Mönchen buddhistischer Tempel (wie dem hier abgebildeten Bup Ju-sa oder Pop Ju-sa) geheim gehalten.

Die Ursprünge des Taekwondo

Selbst wenn Einigkeit unter allen koreanischen Kampfkunstexperten herrschen würde, wäre die Entwicklung der koreanischen Kampfkünste von ihren Ursprüngen bis zur Gegenwart sehr schwer nachzuvollziehen. Aber auch Nationalstolz, persönliche Ambitionen und unzählige Taekwondo-Stile erschweren eine eindeutige Analyse.

Die traditionellen koreanischen Kampfkünste gehen auf unterschiedliche Schulen zurück, zu denen unter anderem folgende Kampfsysteme zählen: Taekyon, Kungsoodo (leere Hände), Tangsoodo (Weg der leeren Hände, Tang-Dynastie), Taesoodo (Fuß-Faust-Weg), Kwon-bup (Quanfa, Kenpo oder chinesisches Boxen), Tangsoo (Tang-Hand), Subak (schlagende Hände) und Chabi (Taiken – eine Mischung aus Kenpo und Jujutsu, einer japanischen Kampfkunst mit Hebel-, Wurf- und Haltetechniken).

Etliche moderne koreanische Kampfsportarten verwenden zwar diese alten Bezeichnungen, aber nur Taekyon – eine heutzutage selten praktizierte Kampfkunst, die vor allem auf Fußtechniken basiert – kann eine tatsächliche Entwicklungslinie zurück zu den ersten Ursprüngen nachweisen. Andere Kampfstile wie Subak oder Tangsoodo erinnern zwar mit ihren traditionellen Bezeichnungen an die Ursprünge der Kampfkünste, eine tatsächliche Abstammung ist allerdings nicht belegbar.

Die jüngere Geschichte des Taekwondo

Die moderne Geschichte des Taekwondo nahm erst mit Ende des Zweiten Weltkrieges ihren Anfang.

1904 begann für die Koreaner ein trauriger Abschnitt ihrer Geschichte, da die Japaner mit ihrer Westoffensive nach Korea vordrangen. 1910 hatten die Japaner das gesamte Land besetzt. Eines ihrer obersten Ziele war die Unterdrückung des koreanischen Kulturgutes. Alle zu jener Zeit in Korea praktizierten Kampfkünste wurden unter Androhung der Todesstrafe verboten.

Als sich die Konflikte zuspitzten und die Ereignisse auf den Zweiten Weltkrieg zusteuerten, wurden viele junge Koreaner zur Kooperation mit der japanischen Armee gezwungen und mussten als Soldaten oder Arbeiter dienen. Eine große Anzahl dieser Zwangsverpflichteten hatte so die Gelegenheit, bei japanischen Karate-Stunden zuzusehen oder sogar daran teilzunehmen.

Im letzten Jahr des Zweiten Weltkrieges entstand in Kaisông (früher Songdo, ehemalige Hauptstadt Koreas) die erste von Koreanern geführte Kampfkunstschule.

Pioniere der Kampfkünste

Die erste koreanische Kampfkunstschule wurde von Byung Jik Ro gegründet. Kurz darauf folgten Won Kook Lee und Il Sup Chun, die in Seoul einen zweiten *Dojang* eröffneten. Diese Pionierschulen mussten bei Kriegsende schließen, konnten aber 1946 ihren Betrieb wieder aufnehmen. Weitere Schulen entstanden in ganz Korea.

Gerade als diese Einrichtungen allmählich Fuß gefasst hatten, mussten sie 1950 wegen des Ausbruchs des Koreakrieges erneut ihre Türen schließen.

1953 kehrte Frieden in die Region ein, und die neu gegründeten Schulen (*Kwans*) nahmen ihre Tätigkeit wieder auf. Kampfkunstexperten unternahmen den Versuch, die zahlreichen Kampfstile zu vereinigen, und gründeten zu diesem Zweck die koreanische Kungsoodo (leere Hände) Association.

Korea – die Heimat des Taekwondo – ist ein geteiltes Land.

Auf Grund von Unstimmigkeiten löste sich der Verband jedoch nach kurzer Zeit wieder auf. Mit wachsendem Einfluss der *Kwans* wurden Techniken und Trainingsmethoden verbessert und umstrukturiert, was erheblich zur Vielseitigkeit des Taekwondo-Sports beitrug.

Entstehung neuer Kampfstile

1955 beriefen *Kwan*-Führer erneut ein Zusammentreffen ein. Ziel der sogenannten Taesoodo-Kungsoodo-Konferenz war die Vereinigung aller unterschiedlichen Systeme und Richtungen. Angeblich wurde im Rahmen dieser Konferenz auch erstmals die Bezeichnung Taekwondo vorgeschlagen. In den darauf folgenden Jahren erfuhr der Verband im Zuge der dramatischen politischen Umwälzungen von 1961 zahlreiche Veränderungen.

Durch eisernes Training entwickelt sich der Körper zu einer Waffe.

Im Jahre 1964 wurde dem koreanischen Taekwondo-Verband schließlich die offizielle Anerkennung durch den koreanischen Amateur-Sport-Verband zuteil.

Im Laufe der Zeit erlangte Taekwondo eine immer größere Bedeutung als effektive Kampfkunst und begann seinen Siegeszug über ganz Asien hinaus in Länder wie die USA, Kanada, Westdeutschland, Italien, die Türkei oder auch die Vereinigten Arabischen Emirate.

Die großen Taekwondo-Organisationen

Zurzeit gibt es nur zwei große Organisationen, die weltweit die Interessen der Kampfkunst Taekwondo vertreten: die WTF (World Taekwondo Federation) und die ITF (International Taekwondo Federation). Beide Sportverbände haben die Befugnis, Taekwondo-Prüflingen lediglich auf Empfehlung ihrer Lehrer Gürtelgrade zu verleihen.

Im Gegensatz dazu werden in traditionelleren *Kwan*-Schulen nur die Schüler zur Gürtelprüfung zugelassen, die von den Meistern persönlich ausgebildet und geprüft wurden. In Süd-Korea müssen alle Taekwondo-Schüler ihre Gürtelprüfung über die WTF ablegen, die als einzige national anerkannte Organisation Süd-Koreas gilt. Die in diesem Land praktizierte Art des Taekwondo wird im allgemeinen eher als Sport betrachtet.

Obwohl die traditionellen *Kwan*-Schulen im heutigen Korea verboten sind, ist das althergebrachte *Kwan*-System weltweit auf dem Vormarsch. Viele Anhänger, die sich den Wurzeln ihrer *Kwans* verpflichtet fühlen, üben ihren Sport auch wettkampfmäßig aus. Die innerhalb der traditionellen *Kwans* überlieferten Kampfkunsttechniken werden darüber hinaus in *Dojangs* auf dem gesamten Erdball praktiziert.

»Erreiche dein Ziel, aber halte beizeiten inne, und wage niemals, nur auf deine Kraft zu bauen,
erreiche dein Ziel, aber stelle deinen Erfolg niemals zur Schau,
erreiche dein Ziel, aber prahle niemals mit deinen Fähigkeiten,
erreiche dein Ziel, aber lediglich als weiterer Schritt deines Weges,
erreiche dein Ziel, aber rühme dich niemals deiner Kraft,
da alle Dinge mit ihrer Blüte altern und verfallen.
Was auch immer das Tao verneint, wird bald nicht mehr sein.«
Laotse (chinesischer Philosoph, geb. 604 v. Chr.)

Einblicke in den Dojang

Unter der koreanischen Bezeichnung *Dojang* versteht man eine Taekwondo-Schule, die meist aus schlichten, sauberen Räumlichkeiten besteht. In einigen *Dojangs* gibt es Parkettböden, andere sind mit Teppichboden oder Matten ausgelegt. In jedem Fall sollte auf größte Sauberkeit geachtet werden, da man den *Dojang* in gewisser Weise als Spiegelbild der dort Trainierenden betrachten kann. Mindestens eine Wand ist mit einer großen Spiegelfläche versehen, die in erster Linie funktionalen Charakter hat. Die Schüler können sich so selbst beobachten und Fehlhaltungen oder falsch ausgeführte Techniken korrigieren. Außerdem fühlen sich die Schüler motiviert, da sie im Spiegel die ermutigenden Erfolge ihres harten Trainings sehen können.

In der Regel hängen ein oder zwei Sandsäcke an der Decke. Zusätzlich findet man entlang einer Wand eine Reihe weiterer Sandsäcke oder Punchingballs. Dieses Trainingszubehör dient den Lehrern zur Verbesserung der Techniken ihrer Schüler.

In den Räumen des *Dojang* hängen meist zwei Flaggen, eine zu Ehren des Heimatlandes und eine zu Ehren Koreas – dem Ursprungsland des Taekwondo.

Die Verbeugung als Respektsbezeugung

Die Schüler verneigen sich vor den Flaggen und dem Meister, bevor sie die Trainingsfläche betreten. Diese Geste ist eine Respektsbezeugung gegenüber ihrem Heimatland, ihrer Kampfkunst und ihrem Lehrer. In erster Linie bedeutet die Verbeugung jedoch ein Zeichen des Respekts vor ihrem ganz persönlichen »Kampfplatz«, auf dem die Schüler gelernt haben, sich ihren Ängsten zu stellen und diese zu besiegen.

Wer die Kunst des Taekwondo erlernen möchte, begibt sich auf einen langen Weg. Es spielt keine Rolle, ob Ihre Kampfkunstschule der ITF, der WTF oder einem bestimmten *Kwan*-System angeschlossen ist. Anliegen dieses Buches ist es, Anfänger in die ursprüngliche Kunst des Taekwondo einzuführen und nicht in eine der vielen Mischformen aus dem Bereich der Kampfkünste – wie z.B. Taebo, eine beliebte Kombination aus Aerobic und Taekwondo, bei der die Schüler aber keinesfalls einen wirklichen »Kampfsport« erlernen.

Mit diesem Handbuch möchten wir Ihnen grundlegende Trainingsmethoden, Ziele und philosophische Hintergründe des Taekwondo sowie die praktische Anwendung von Selbstverteidigungstechniken detailliert vorstellen.

Die Verbeugung ist nicht nur eine Respektsbezeugung gegenüber dem Gegner und der Kampfkunst, sie soll dem Schüler auch seine Verantwortung im Umgang mit den gefährlichen Techniken in Erinnerung rufen.

VORBEREITUNGEN

Grundlagen und Dojang-Etikette

Jede Kampfkunstausbildung basiert auf dem Erlernen spezieller Techniken, und jeder Meister oder Lehrer unterrichtet seine Schüler nach seiner eigenen Methode. Erst wenn ein Schüler alle Formen, Kampftechniken, Regeln und Grundsätze entsprechend den Vorgaben seiner Schule perfekt beherrscht und alle *Kup*-Prüfungen (*Kup* koreanisch für Grad, Stufe) bestanden hat, darf er die Dan-Prüfung zum Erwerb des schwarzen Gürtels ablegen.

Jeder Meister möchte natürlich den Schülern seinen eigenen Kampfstil vermitteln. Aber Taekwondo geht weit über die reine Beherrschung eines Stils hinaus. Daher geben einige ältere Meister ihren Erfahrungsschatz nur an Schüler weiter, die sich dieser Lehren auch würdig erweisen. Diese Schüler nehmen alle Anstrengungen in Kauf, um den Meister davon zu überzeugen, dass sie verdientermaßen dem »Weg des Taekwondo« folgen.

Die meisten erfahrenen Taekwondo-Meister haben ihr Wissen höher graduierten Schülern überliefert, die sie für vertrauenswürdig erachteten. Viele dieser ehemaligen Schüler haben nach Erlangen des Meistertitels ebenfalls ihr Verständnis des Taekwondo an jüngere Nachfolger als Zeichen ihrer Anerkennung weitergegeben. Dieser »Weg« symbolisiert die Philosophie der Bezeichnung »do«, die im Wort Taekwondo enthalten ist.

Der richtige Lehrer

Gleich zu Anfang sollten Sie sich einen Lehrer suchen, zu dem Sie Vertrauen haben und der Ihnen die elementaren Grundlagen vermitteln kann. Sie hingegen sollten keine Bedenken haben, sich mit vollem Engagement dem Meister oder einem seiner Lehrer zu öffnen.

Was die Auswahl des Lehrers betrifft, sind die im *Dojang* präsentierten Zertifikate nicht unbedingt ein aussagekräftiger Beweis für tatsächliche Qualifizierungen. Man sollte auch beachten, dass ein solches Zertifikat in der Regel nur eine Generation zurück reicht. Im Sinne der Kampfkünste versteht man unter »Generation« nicht die eigentliche Wortbedeutung. Eine Kampfkunst oder ein Stil werden von einem Meister begründet, dessen Schüler nach und nach die erste Generation bilden. Diese unterrichten wiederum jüngere Schüler, die dann als zweite Generation bezeichnet werden, und so weiter.

Wenn Sie sich für einen *Dojang* entscheiden, der von führenden Taekwondo-Verbänden Ihres Landes anerkannt ist, haben Sie die richtige Entscheidung getroffen. Sollte dies nicht der Fall sein, erkundigen Sie sich nach der Kampfkunstausbildung des Lehrers und nach den Meistern, die ihn unterrichtet haben. Wenn Ihr Lehrer den Grad des 4. Dan noch nicht erreicht hat, sollte in seiner Schule auf die Anerkennung seiner Trainingsstätte durch einen höher graduierten Meister hingewiesen werden.

Die meisten traditionsbewussten Meister ab dem 4. Dan aufwärts erweisen in ihren Prospekten den ehemaligen Lehrern nach wie vor ihre Hochachtung. Eine Schule, die sich mit ihrem Trainingsprogramm auf einen verehrten Großmeister berufen kann, bietet mit Sicherheit eine qualifizierte Taekwondo-Ausbildung.

Sofern ein Anfänger nicht bereits erste Erfahrungen im Kampfkunsttraining gesammelt hat, liefert ihm der Besuch einer Trainingsstunde nicht unbedingt verlässliche Kriterien für die Wahl des richtigen Lehrers. Unzählige Lehrer an Kampfkunstschulen haben sich nach ihrer Dan-Graduierung sogleich neu orientiert, um einen eigenen Trainingsstil zu entwickeln und diesen zu lehren. Im Taekwondo begegnet man Schwarzgurtträgern nicht voller Ehrfurcht, sondern betrachtet sie vielmehr »nur« als zielstrebige Schüler: Sie sind auf »dem Weg« lediglich einen Schritt weiter.

Heutzutage ist es nicht so einfach, eine Taekwondo-Schule zu finden, die von einem respektierten asiatischen Großmeister geleitet wird. Allerdings tragen die meisten Kampfkunstlehrer ihren schwarzen Gürtel zu Recht, da

Rechte Seite: Gut ausgebildet, durchtrainiert und auf jede Situation vorbereitet präsentiert sich dieser Kämpfer in der *Junbi*-Stellung.

Betrügereien oder schlechte Ausbildungsmethoden ihrem Ruf langfristig schaden würden.

Bei der Suche nach einer passenden Taekwondo-Schule hilft der Blick in das örtliche Telefonbuch oder das Branchenverzeichnis. Sie können sich aber auch an regionale oder nationale Taekwondo-Verbände wenden. Sobald Sie einen Großmeister oder Meister gefunden haben, sollten Sie Erkundigungen über die jeweilige Schule einziehen. In der Regel sind Meister höheren Grades sehr offen und ehrlich und freuen sich über Ihren Anruf – folgen Sie also ihrem Rat. Es ist wichtig, sich für eine gute Schule zu entscheiden. Denn falls Sie aus irgendwelchen Gründen diese Schule wieder verlassen müssen, wird das bereits absolvierte Training nicht umsonst gewesen sein.

A Alle Anfänger beginnen mit dem weißen Gürtel.
B Es folgt der gelbe Gürtel, danach (nicht immer) der orangene.
C Der grüne Gürtel wird wie der blaue in zwei Stufen erreicht.
D Es gibt einen ersten und einen zweiten blauen Gürtel.
E Die Vorbereitungszeit für den braunen Gürtel dauert doppelt so lange wie für die anderen Gürtel.

Durch Training zum Erfolg

Alle Taekwondo-Schulen arbeiten mit einem Graduierungssystem, das auf sogenannten *Kups* oder Gürtelstufen basiert. Mit Hilfe der farbigen Gürtel kann der Lehrer die jeweilige Trainingsstufe eines Schülers sofort erkennen. Die Gürtelfarben sind außerdem ein Ansporn für die Schüler, die nächste Graduierungsstufe zu erreichen. Die Stufen reichen von eins bis zehn, der weiße Gürtel steht für den 10. Kup und der braun-schwarze – der letzte Schritt vor der Dan-Prüfung – für den 1. Kup.

Die Einteilung der Gürtelklassen beruht auf der Annahme, dass ein Schüler durchschnittlich dreimal pro Woche zum Training geht. Es gibt natürlich unterschiedliche Systeme, da jede Schule ihre eigenen Trainingsprogramme und Gürtelbezeichnungen hat.

Im Taekwondo beginnen die Anfänger mit dem weißen Gürtel und steigen dann zum gelben auf. In der Regel beträgt die Vorbereitungszeit für diese Stufe drei Monate. Es folgt der grüne Gürtel, bestehend aus dem ersten und dem zweiten grünen Gürtel.

Da die einzelnen Schulen oft eigene Regelungen eingeführt haben, kann man nicht von einem einheitlichen Gürtelsystem sprechen. So gibt es z.B. in manchen Schulen nur einen grünen Gürtel für beide Leistungsstufen ohne Kennzeichnung der fortgeschritteneren, höheren Stufe. In anderen Trainingseinrichtungen wird der grüne Gürtel für die höhere Stufe mit einem gestreiften Band versehen, um den Unterschied zwischen erstem und zweiten grünen Gürtel zu kennzeichnen.

Auf jeder Graduierungsstufe gibt es eine Gürtelprüfung. Sobald ein Schüler die Prüfung zum zweiten grünen Gürtel erfolgreich bestanden hat, gelangt er zur nächsten zweistufigen Ebene – dem blauen Gürtel, der ebenfalls drei Monate Vorbereitungszeit für jede Stufe erfordert. Es folgt der braune Gürtel, wobei einige koreanische Schulen für diesen Grad einen roten Gürtel verwenden.

Wie bei den vorangegangenen Graden ist auch der braune (oder rote) Gürtel in zwei Stufen unterteilt. Für diese hohe Gürtelklasse wird allerdings eine Vorbereitungszeit von sechs Monaten für jede Stufe vorausgesetzt. Nach diesem Jahr muss der Träger des braunen Gürtels in der Vorstufe zum Dan-Grad (schwarzer Gürtel) ein weiteres Trainingsjahr absolvieren.

Nach einem Ausbildungsprogramm von dreieinhalb Jahren mit drei Trainingseinheiten pro Woche und dem erfolgreichen Abschluss aller Kup-Prüfungen kann ein Schüler zur Dan-Prüfung zugelassen werden. Es gibt allerdings noch weitere ausschlaggebende Kriterien für die Entscheidung des Meisters, die Anmeldung eines Schülers zur Meisterprüfung zu befürworten oder abzulehnen. Dazu zählen die innere Einstellung sowie herausragende Charaktereigenschaften und -schwächen des Schülers.

Verhalten im Dojang

Anfänger sollten gleich zu Beginn erkennen, dass die Taekwondo-Ausbildung weit mehr beinhaltet als reine Übungsstunden. Das Training umfasst unter anderem Verteidigungstechniken für gefährliche Konfliktsituationen, in denen Sie z.B. mit einer Waffe angegriffen oder lebensgefährlich bedroht werden.

Die Bedeutung von Verhaltensregeln

Die mühsame Verinnerlichung gewisser Regeln durch ständiges Wiederholen ist ein notwendiger Prozess. Müssen wir beispielsweise vor einer Drehung zunächst den Kopf wenden und zum Ziel schauen, dann erreichen wir durch wiederholtes Üben eine Automatisierung der Bewegung. Einige in unseren Augen recht strenge Regeln fördern eine vorbildliche, offene Geisteshaltung und gleichzeitig Disziplin und Einheit unter den Schülern.

Allgemeine Regeln

- Das Betreten der Trainingsfläche mit Schuhen ist untersagt. Kampfkunstschuhe mit weicher Sohle dürfen nach Absprache mit dem Studioleiter getragen werden. Diese Schuhe besitzen eine dünne Sohle ohne Profil und können in Geschäften, die auf Kampfsportarten spezialisiert sind, oder über Fachmagazine bezogen werden.
- Meist ist das Tragen solcher Schuhe nur Schülern gestattet, die aus medizinischen Gründen (wie z.B. Diabetes) besonders auf ihre Füße achten müssen.
- Innerhalb der Trainingsstätte ist das Rauchen oder Kaugummikauen nicht erlaubt. Getränke und Nahrungsmittel sind verboten.
- Kommt ein Schüler zu spät zum Training, hat er den Lehrer um Erlaubnis zu bitten, sich dem Training anschließen zu dürfen.
- Anweisungen des Lehrers sind stets zu befolgen.
- Auf der Trainingsfläche sollte ein Schüler nur sprechen, wenn er dem Lehrer antwortet oder ihm eine Frage stellt.
- Lehrer sind mit »Herr« und »Frau« oder einfach *Sabom-nim* anzusprechen.
- Schüler sollten sich vor ihrem Lehrer verneigen, bevor sie das Wort an ihn richten.
- Während des Unterrichts sollten Schüler lautes Lachen und Sprechen unterlassen und dem Meister ihre volle Aufmerksamkeit widmen.
- Schmuckgegenstände wie Ringe, Armbänder oder Halsketten sollten während des Trainings nicht getragen werden, da sie eine Verletzungsgefahr darstellen (z.B. Treffer durch einen Ring oder Armreif, Verfangen in der eigenen Halskette).
- Anfängern ist es untersagt, Personen außerhalb des *Dojang* in Taekwondo zu unterrichten.
- Schüler sollten die erlernten Selbstverteidigungstechniken nur zum eigenen Schutz oder zur Verteidigung ihrer Familienangehörigen anwenden.
- Taekwondo-Schüler sollten immer höfliches und respektvolles Benehmen zeigen und in dem Bewusstsein handeln, dass sie ihre Schule nach außen vertreten. Sie sind stets zu vorbildlichem Verhalten verpflichtet.

In der Regel wird Taekwondo barfuss ausgeübt. Wenn Sie Ihre Füße schützen müssen, sollten Sie geeignete Schuhe tragen.

In einem *Dojang* hängen zwei Flaggen: eine zu Ehren Koreas und eine zu Ehren der Heimatnation der Schule.

Verhaltensregeln im Dojang

- Beim Betreten und Verlassen des *Dojang* sowie beim Betreten der Trainingsfläche verneigt sich der Schüler als Zeichen des Respekts.
- Verbeugen Sie sich beim Betreten oder Verlassen des Studios vor den Nationalflaggen. Befindet sich der ranghöchste Meister der Schule im Raum, verneigen Sie sich zunächst vor den Flaggen und dann vor ihm.
- Zeigen Sie Respekt im Gespräch mit Ihrem Meister, indem Sie Ihre Arme locker seitlich an den Körper legen.
- Finger- und Zehennägel sollten sauber und kurz geschnitten sein.
- Richten Sie Ihre Aufmerksamkeit auf den Lehrer, und sprechen Sie nur, wenn unbedingt erforderlich.
- Bei Verspätungen legen Sie Ihren Anzug (*Dobok*) an und warten abseits auf einen geeigneten Moment, um den Lehrer um die Trainingsteilnahme zu bitten.
- Achten Sie immer auf eine korrekte Körperhaltung. Stehen oder sitzen Sie immer mit aufrechtem Rücken.
- Setzen Sie sich niemals ohne Aufforderung hin. Legen Sie sich nur dann auf den Boden, wenn dies Teil einer Trainingsübung ist. Im Sitzen sollten Sie die Beine überkreuzen und sich nicht anlehnen.
- Wenn Sie den *Dojang* oder die Trainingsfläche verlassen müssen, bitten Sie vorher um Erlaubnis.
- Das Rauchen ist nur außerhalb des *Dojang* gestattet.
- Vermeiden Sie abfällige Bemerkungen, da sie ein Zeichen von Wut und mangelnder Selbstbeherrschung sind.
- Beginnen Sie einen Freikampf nur mit vorheriger Erlaubnis des Lehrers.
- Achten Sie immer auf einen höflichen, respektvollen und hilfsbereiten Umgang mit anderen.

Regeln zur Sicherheit

In keinem Bereich des *Dojang* sollte Unfug getrieben werden. Im Training muss der Sicherheitsfaktor immer mit berücksichtigt werden. Folgende Regeln tragen zu einem effektiven und sicheren Trainingsablauf bei:

- Seien Sie stets vorsichtig und achtsam, insbesondere auf der Trainingsfläche beim Üben von Schlag-, Tritt- und Sprungtechniken.
- Bei der Ausübung von Taekwondo kann es zu Verletzungen und körperlichen Schäden kommen. Üben Sie mit höchster Konzentration und Achtsamkeit und behalten Sie den Gegner immer im Auge.
- Achten Sie im Freikampf stets auf die Einhaltung Ihres Sicherheitsabstands.
- Greifen Sie niemals einen Gegner vorsätzlich an, um ihm körperlichen Schaden zuzufügen oder ihn zu verletzen.
- Überlegen Sie jeden Schritt und führen Sie ihre Bewegungen umsichtig aus.
- Aspekte des Taekwondo-Trainings sollten niemals mit Außenstehenden diskutiert werden. Techniken, die Sie im Unterricht erlernt haben, dürfen anderen Personen nur mit Erlaubnis des Meisters demonstriert werden. Dieser Punkt ist besonders wichtig, da Sie bei unbeaufsichtigten Vorführungen sich selbst oder andere Personen gefährden können.

Die Taekwondo-Ausrüstung

Der traditionelle Taekwondo-Anzug *Dobok* ähnelt dem weißen *Dogi* des Karate (eine Ausnahme bildet der *Dobok* der World Taekwondo Federation, der weiter unten beschrieben wird). Der lockere Baumwollanzug erinnert an die Alltagskleidung, die früher von fast allen Koreanern getragen wurde.

In der Vergangenheit galt die Farbe Weiß in Korea als Symbol der Reinheit. Sowohl Reiche als auch Arme trugen weiße Kleidung, um die Klassenunterschiede aufzuheben. Der bequeme Anzug mit einfacher, weit geschnittener Baumwollhose und Jacke bot maximale Bewegungsfreiheit und wurde von Frauen und Männern getragen. Obwohl die ursprüngliche Farbe des Taekwondo-Anzuges Weiß ist, findet man heute *Doboks* in verschiedenen Farben oder sogar mit mehreren Farbkombinationen.

Eine moderne Form des Dobok

Die World Taekwondo Federation – die von Korea gesponserte internationale Taekwondo-Organisation – hat ein neues *Dobok*-Modell entworfen. Die Farbe ist ebenfalls Weiß, allerdings hat das Oberteil keine schräg geschnittene Jackenöffnung mehr, sondern ist geschlossen und ähnelt einer Hemdbluse, da es wie ein Sweatshirt einfach über den Kopf gezogen wird.

Die *Kwan*-Schulen und die International Taekwondo Federation bevorzugen nach wie vor den traditionellen weißen *Dobok* mit schräger Jackenöffnung. Bei dieser Version wird die linke Jackenseite über die rechte geschlagen. Die Anzüge besitzen zusätzlich seitliche Schlaufen, die allerdings nicht oft benutzt werden, da die Schlaufen leicht ausreißen.

Frauen tragen unter dieser Jackenform meist ein T-Shirt oder ähnliches. Modebewusstere Sportlerinnen tragen sogar T-Shirts passend zu ihrer Gürtelfarbe.

Abzeichen, soweit sie zulässig sind, werden in der Regel auf die Jacke gestickt. Das Emblem der Schule ist oberhalb der linken Brust angebracht, die Flaggen werden in den meisten Schulen im oberen Ärmelbereich aufgestickt. Das Anbringen von Abzeichen und Flaggen auf dem Taekwondo-Anzug muss jedoch vom Meister der Schule genehmigt werden. Wie bei traditionellen Anzügen können Abzeichen, Flaggen und Logos auch bei den neueren Modellen aufgestickt werden. Weit häufiger wird jedoch heutzutage das Schulemblem mit Siebdruck auf den Stoff gedruckt.

Denken Sie daran, dass Sie nach Erwerb des *Dobok* mit keiner anderen Kleidung mehr zum Training erscheinen dürfen, unabhängig von der Form des Anzuges, den Ihre Schule vorschreibt.

Vermeiden Sie ein ungepflegtes Erscheinungsbild, kommen Sie nie mit unordentlichem Anzug zum Training, da dies das Missfallen des Lehrers erregen könnte. Halten Sie Ihren *Dobok* immer sauber und achten Sie darauf, dass er weder Risse noch Löcher hat. Einem nachlässig gekleideten Schüler wird meist die erforderliche Gewissenhaftigkeit für das Erlernen einer anspruchsvollen Kampfsportart abgesprochen.

Der moderne *Dobok* besitzt einen V-Ausschnitt und wird einfach über den Kopf gezogen.

Taekwondo-Terminologie

Für eine weltweit praktizierte Kampfkunst wie Taekwondo ist eine einheitliche Unterrichtssprache angebracht, damit jeder Schüler alle Trainingsbegriffe verstehen kann, egal, in welchem Land er sich gerade befindet. Auf Grund der koreanischen Wurzeln des Taekwondo hat man sich für Koreanisch entschieden. Das bedeutet nicht, dass man die gesamte koreanische Sprache erlernen muss, sondern lediglich die wichtigsten Trainingsbegriffe.

In den Schulen wird natürlich auch die jeweilige Landessprache verwendet. So wird der Unterricht hierzulande auf Deutsch abgehalten und mit den entsprechenden koreanischen Fachbegriffen und Floskeln ergänzt.

Während des Unterrichts werden die meisten Trainingsübungen (Freikampf, Selbstverteidigung oder Konditionstraining) von allen Schülern zusammen ausgeführt. Daher sind die Übungen in einzelne Schritte unterteilt, die durchnummeriert sind. Meist kündigt der Lehrer die Zahlen der nacheinander auszuführenden Bewegungssequenzen auf Koreanisch an.

Aus diesem Grund ist es sehr hilfreich, auch die koreanischen Zahlen zu lernen. Achten Sie darauf, dass bei mehrsilbigen koreanischen Wörtern die Betonung auf der ersten Silbe liegt.

Die Zahlen

DEUTSCH	KOREANISCH (phonetisch)
eins	hana
zwei	dul
drei	set
vier	net
fünf	dasot
sechs	yosot
sieben	ilgob
acht	yodul
neun	ahob
zehn	yol

Zahlen über zehn werden als zehn-eins, zehn-zwei usw. gezählt. Demzufolge ergibt sich für die Zahl elf *yol-hana*, zwölf heißt *yol-dul* und dreizehn *yol-set*. In diesem System wird bis 19 (*yol-ahob*) gezählt. Ab 20 (*su-mool*) geht es genauso weiter: *su-mool-hana* (21), *su-mool-dul* (22), *su-mool-set* (23). Dies klingt komplizierter, als es tatsächlich ist. Für den Taekwondo-Unterricht genügt es allerdings vollauf, wenn Sie die koreanischen Zahlen von 1 bis 30 lernen.

Mit Hilfe einiger koreanischer Grundbegriffe können die Schüler den Anweisungen des Lehrers folgen und im Unterricht mitzählen.

Trainingsbegriffe

Die Beherrschung einiger koreanischer Grundbegriffe erleichtert es Ihnen, die Trainingsanweisungen zu befolgen und ein besseres Verständnis für die Kampfkunst zu entwickeln. Hier einige der wichtigsten Begriffe:

DEUTSCH	KOREANISCH
Lehrer	Sabom-nim
Schule, Studio	Dojang
Anzug	Dobok
Form	Hyong
Selbstverteidigung	Hosinsul
Freikampf (als Kommando)	Chayu-Taeryon
Bruchtest	Kyok-pa
Grundkampfstellung	Taeryon Chagi-sogi
Fertig! (Ausgangsstellung)	Junbi
Kampfbeginn!	Sijak
Kampfende!	Guman
Weiterkämpfen!	Kyesok
Achtung!	Charyot
Sitzstellung	Juchum-sogi
Kampfschrei	Kihap
Drehen	Dora
Umdrehen	Dwiro Dora
Rechtsdrehung	U hyang U
Linksdrehung	Cha hyang Cha
Schwarzer Gürtel	Ty / Ti
Schwarzgurtträger	Yu Dan Cha

Bei der Verwendung der koreanischen Sprache sollte man beachten, dass ein Sachverhalt auf mindestens drei unterschiedliche Arten ausgedrückt werden kann. Dabei richtet sich die Ausdrucksweise nach dem gesellschaftlichen Status des jeweiligen Gesprächspartners. Ausschlaggebend für die Wahl der korrekten Formulierung ist die Frage, ob die andere Person Ihnen gleichgestellt ist oder einer höheren bzw niederen sozialen Schicht angehört. Wenn Sie also jemanden zu sich bitten, gibt es dafür folgende drei Übersetzungsmöglichkeiten im Koreanischen:

»Würden Sie bitte hierher kommen?« (Idiwah ship she o).
»Kommen Sie bitte hierher!« (Idiwah she o).
»Kommen Sie hierher!« (Idiwah).

Die Grundtechniken auf Koreanisch

Neben allgemeinen Grundkenntnissen im Koreanischen sollten Sie sich auch die entsprechenden koreanischen Begriffe für Grundtechniken aneignen, die fester Bestandteil Ihre Trainingsprogramms sind:

Handtechniken

DEUTSCH	KOREANISCH
Fauststoß zum Rumpf	Jongdan-jirugi
Tiefblock	Handan-makki (Arae-makki)
Innenblock	An-makki
Außenblock	Bakkat-makki
Gesichtsblock	Sangdan-makki (Olgul-makki)
Fauststoß zum Kopf	Sangdan-jirugi
Speerhand	Gwan Soo
Handkantenschlag	Sudo-chigi (Sonnal-chigi)
Seitwärtsfauststoß	Yop-jirugi
Block in der Tigerstellung	Goyang-i-soghi-makki
Innenhandkante	Sonnal dung

Tritt-Techniken

DEUTSCH	KOREANISCH
Vorwärtstritt	Ap-chagi
Gestreckter Vorwärtstritt	Ap-kubi-chagi
Seitwärtstritt	Yop-chagi
Halbkreistritt (Drehschlag)	Dollyo-chagi
Rückwärtstritt	Dwit-chagi
Rückwärtsdrehschlag	Dwit-dollyo-chagi

Allgemeine Floskeln

DEUTSCH	KOREANISCH
Hallo	An-nyong-ha-shim-nikka
Vielen Dank	Komap-sum-nida
Entschuldigen Sie bitte	Mian-ham-nida
Mir geht es gut	Jo-sum-nida
Entschuldigung	Shille-ham-nida
Auf Wiedersehen	An-nyong-hi-ke-seo
Auf Wiedersehen (antwortet der Bleibende)	An-nyong-hi-ka-seo

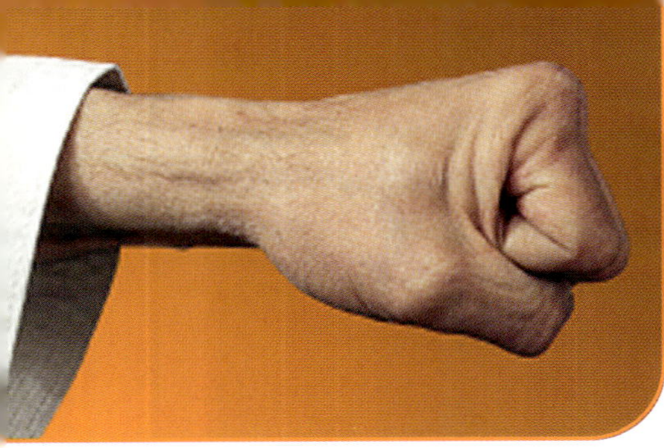

DIE GRUND-FERTIGKEITEN

Taekwondo-Neulinge beginnen zunächst mit der Einführung in die Fuß- und Beintechniken, bevor sie sich einfachen Block- und Schlagtechniken zuwenden, bei denen Hand- und Fußbewegungen miteinander kombiniert werden. Und nicht nur in diesen ersten Unterrichtsstunden bilden Konditionstraining und Dehnübungen einen besonderen Schwerpunkt.

Sobald Sie mit dem Trainingsalltag und den verschiedenen Tritt- und Schlagtechniken vertraut sind, werden Sie lernen, während der Bewegungsabläufe Ihr Gleichgewicht perfekt zu kontrollieren. Ein wichtiger Punkt ist die richtige Einschätzung der Entfernung zum Gegner. Der nächste Unterrichtsschritt ist die Koordinierung aller Bewegungsabläufe, unterstützt durch konstruktive Kritik oder Lob des Lehrers.

Erste Erfahrungen im Freikampf

Sobald die Schüler die Grundlagen beherrschen, beginnen sie mit dem Freikampftraining (Sparring). Dies findet unter Anleitung des Lehrers gemeinsam mit anderen Schülern der gleichen Leistungsstufe statt. Gelegentlich werden auch Trainingskämpfe zwischen Lehrern und Schülern veranstaltet. Diese obligatorischen Sparringrunden stärken das Selbstvertrauen der »neuen Kämpfer«.

Während des Freikampftrainings werden die Schüler geduldig korrigiert und sorgsam betreut. Ihre Leistungen werden so lange geprüft und bewertet, bis der Lehrer den Moment für gekommen hält, die erworbenen Fähigkeiten im wirklichen Wettkampf unter Beweis zu stellen. Ab dann muss sich der Schüler auf intensivere Trainingsmethoden und härtere Schlagtechniken einstellen.

Umgang mit Stress

Manche Lehrer enthüllen in dieser Ausbildungsphase eine weniger angenehme Seite ihrer Persönlichkeit, da sie ihre Schüler bewusst antreiben, provozieren oder manchmal sogar beschimpfen. Dieses Verhalten soll den Schüler keinesfalls einschüchtern, sondern ihn dazu zwingen, mit Hilfe all seiner Fähigkeiten Stress-Situationen zu bewältigen. Sie sollten sich also nicht persönlich angegriffen fühlen, wenn Ihr Lehrer Sie mit einer Fußtechnik zu Fall bringt, um Ihnen die Bedeutung einer korrekten Stellung oder eines ausreichenden Sicherheitsabstandes zu demonstrieren. Ein schneller Schlag zum Solarplexus kann Ihnen für einen Moment den Atem nehmen, bewirkt allerdings, dass Sie das nächste Mal besser auf Ihre Abwehr achten. Für respektloses Verhalten oder schlechtes Benehmen müssen Sie unter Umständen Liegestützen auf den Fingerknöcheln ableisten.

Sie sollten sich glücklich schätzen, einen solchen Lehrer nach dem Vorbild »traditioneller« Kampfkunstschulen gefunden zu haben, der Ihnen zur bestmöglichen Ausbildung verhelfen möchte. Ein strenger Lehrer, der Sie von der falschen Vorstellung abbringt, Taekwondo sei nur Spaß und Vergnügen, ist eine gute Wahl.

Lassen Sie sich nicht von diesen ersten Trainingseindrücken abschrecken. Diese Phase ist ausschlaggebend für den weiteren Weg des Schülers, da er sich entscheiden muss, ob er das Training fortsetzen möchte oder aufgibt.

Der einzelne Lehrer spielt für die Entwicklung jedes Taekwondo-Schülers eine entscheidende Rolle. Wenn ein Schüler in dieser Ausbildungsphase Zeichen von Entmutigung oder sogar Angst zeigt, wird er unter Umständen den Unterricht abbrechen. Dadurch verliert der Lehrer nur einen seiner Schüler, der Schüler aber verzichtet auf eine einzigartige Gelegenheit, einen wunderbaren Wandel zu erleben, der sein ganzes Leben prägen wird. Im Training erlernt der Schüler verschiedene Kampftechniken, die ihm helfen, mit Druck und Konfliktsituationen umzugehen.

Mit Hilfe effektiver Kampftechniken lernen die Schüler ihre eigenen Fähigkeiten einzuschätzen und verspüren nicht mehr den Drang, sich beweisen zu müssen, sobald

Rechte Seite: Unermüdliches Training und Durchhaltevermögen werden mit dem Grad des schwarzen Gürtels belohnt.

sie sich in ihrem Stolz verletzt fühlen. Taekwondo stärkt das Selbstvertauen und die Fähigkeit, sowohl im *Dojang* als auch im Alltag jede Situation zu meistern.

Bereits bei den Taekwondo-Neulingen vollzieht sich ein grundlegender innerer Wandel. Stets bemüht, den Anforderungen ihres Lehrers gerecht zu werden, perfektionieren sie ihre Techniken. Die Beziehung zwischen Schüler und Lehrer sowie die Intensität der Trainings- und Kampfrunden tragen dazu bei, den vom Lehrer bewusst beim Schüler erzeugten Zustand der Aggression allmählich zu kanalisieren.

Mit Hilfe des Lehrers verwandelt der Schüler seine Angriffslust in Kreativität, die sich positiv auf sein gesamtes Handeln auswirkt. Dank dieser Kreativität kann der Schüler in den härtesten Kampfsituationen seine Positionen flexibel bestimmen. Zunächst vertraut der Schüler einer Art sechstem Sinn, bis er schließlich in der Lage ist, Block- und Kampftechniken mit einer inneren Gelassenheit und einem Selbstvertrauen auszuführen, die über manche technische Unsicherheit hinwegtäuschen.

Sobald der Schüler erkennt, dass harte Schläge und blaue Flecken durch geschickte Ausweichbewegungen vermieden werden können, kann die gepolsterte Schutzausrüstung abgelegt werden.

Bei Wettkampfveranstaltungen ist das Tragen von Schutzhelm, Kampfweste, Handschuhen und Fußschützern Vorschrift.

Die Leistungssteigerung zeigt sich deutlich in effektiven Block-, Gleit- und Ducktechniken sowie wirkungsvollen Seitwärtsstepps. Sobald die Schüler mit unterschiedlichen Gegnern konfrontiert werden, lernen sie allmählich, aus den Fehlern anderer Vorteile zu ziehen. Unter Anleitung des Lehrers werden die neu erlernten Techniken mit viel Fleiß und Ausdauer bis zur Perfektion trainiert.

Zunächst erlernen die Schüler neue, wirkungsvollere Kampfpraktiken, die dann wiederum durch noch ausgefeiltere Techniken ersetzt werden. Sie sind nun in der Lage, auch unter Druck flexibel zu reagieren und Bedrohungen mit Hilfe geeigneter Techniken abzuwehren.

Darüber hinaus werden dem Schüler Werte wie Respekt, Fairness, Selbstbeherrschung und Selbstvertrauen vermittelt. Mit zunehmender Charakterbildung lernen die Schüler, in die Herzen ihrer Mitschüler zu blicken, um dort ebenfalls Wachstum und Reife zu entdecken.

Für Zeit und Fleiß, die der Schüler in seine Ausbildung und das Training investiert, wird er durch das Aufsteigen in die nächsthöhere Gürtelklasse und den langsamen, aber stetigen Fortschritt auf dem Weg zum schwarzen Gürtel belohnt. Auch wenn dieses Ziel eines Tages erreicht wird: Der Lernprozess ist niemals abgeschlossen.

Wird ein Schüler in den Kreis der Schwarzgurtträger aufgenommen, hat er gemäß den Verhaltensregeln des *Dojang* diese Auszeichnung mit Bescheidenheit anzunehmen. Dies ist eine überwältigende Erfahrung, die ihn zu noch größerem Einsatz anspornen wird.

Gleichzeitig mit der Aufnahme in die Gruppe der »wahren Schüler« vollzieht sich ein weiterer innerer Wandel. Der neue Schwarzgurtträger wird ein Gefühl friedlicher Ruhe verspüren. Diese starke Empfindung bleibt bestehen, auch wenn man niemals das Ende des Weges erreichen wird.

Die erste Trainingsstunde

Nicht alle Anfängerkurse laufen nach dem gleichen Schema ab. In der Vergangenheit haben traditionelle Taekwondo-Schulen oftmals Kurse angeboten, die für alle Schüler offen waren, und in denen jeder seine Trainingszeiten selbst bestimmen konnte.

Dehnübungen sind ein wichtiger Teil des Aufwärmprogramms.

Eine Trainingsstunde beginnt in der Regel mit Dehn- und Aufwärmübungen. Anschließend werden die Schüler je nach Gürtelklasse auf der Trainingsfläche verteilt. Jede Gruppe erhält einen eigenen Lehrer, der seine Schüler getrennt von den anderen Trainingsteilnehmern betreut.

Heutzutage wird in einigen Taekwondo-Schulen ein spezieller Einzelunterricht für Anfänger angeboten. Am Ende dieser Einführungsstunden werden die Schüler unabhängig von ihrer Altersstufe je nach Leistungsgrad in Gruppen eingestuft. Andere Schulen wiederum unterrichten Erwachsene und Kinder getrennt voneinander. Die meisten modernen Studios arbeiten mit detaillierten Trainingsplänen, um sicherzustellen, dass alle Schüler einer Gürtelklasse gemeinsam trainiert werden.

Verletzungen kommen in der Regel nur sehr selten vor. Schüler, die mit Verbänden, Bandagen oder blauen Flecken prahlen, haben sich diese Verletzungen wohl eher bei einer der harten Kontaktsportarten wie Fußball, Baseball, Hockey oder Basketball zugezogen.

Auch wenn manche Schüler auf Grund des harten Trainings anfangs etwas Bedenken haben, können sie mit der Wahl eines anerkannten Lehrers sicher sein, niemals über ihre Grenzen hinaus gefordert zu werden.

Dehn- und Aufwärmübungen

Beginnen Sie Ihre erste Trainingsstunde, indem Sie sich nach Verlassen des Umkleideraumes zunächst vor den Flaggen des *Dojang* verbeugen und dann erst die Trainingsfläche betreten. Befindet sich der Meister im Raum, sollten Sie sich vor ihm ebenfalls verneigen.

Sobald die Schüler zur Trainingsaufstellung aufgerufen werden, nehmen Sie Ihren Platz mit den anderen Anfängern oder Trägern des weißen Gürtels in der letzten Reihe ein. Alle Schüler verbeugen sich nun nochmals gemeinsam vor den Flaggen und vor dem Meister.

Der erste Trainingspart wird von einem Lehrer oder fortgeschrittenen Schüler geleitet und besteht aus Dehnübungen, an denen alle Schüler teilnehmen. Diese dauern zwischen 10 und 15 Minuten – in einigen Schulen sogar 30 Minuten. Zwischen den Dehnübungen oder unmittelbar danach gibt es Lockerungsübungen. Im Taekwondo-Training sollte die Dehnung der Kniesehnen immer höchste Priorität haben.

Mit Hilfe eines ausführlichen Aufwärm- und Dehnprogramms können Verletzungen und Muskelzerrungen vermieden werden. Bei Sportarten, die in erster Linie auf Bein- und Fußtechniken basieren (wie z.B. Taekwondo), wird das Schlagbein kaum gedehnt. Die eigentliche Dehnung erfolgt im Standbein – daher die Wichtigkeit der Kniedehnungsübungen.

Nach den Dehnübungen folgt meist ein Aufwärmprogramm, in das etliche Hand- und Fußtechniken eingebaut sind. Anfänger sollten ihre Trainer oder höher graduierte Schüler bei der Vorführung der einzelnen Techniken aufmerksam beobachten, da dies sehr lehrreich sein kann.

Sofern nicht für jede Gürtelklasse ein eigener Kurs vorgesehen ist, teilt der Trainer alle Schüler je nach Leistungsgrad in unterschiedliche Gruppen ein. Sodann beginnt für die Neulinge die Einführung in die grundlegenden Tritt-, Schlag-, Stellungs- und Blocktechniken.

Darauf aufbauend werden die Schüler dann in den Bereichen Formenlauf, Freikampf und Bruchtest unterrichtet. Als Anfänger gibt es unzählige Dinge zu lernen – folgen Sie also dem Unterricht mit maximaler Aufmerksamkeit, und Sie werden nicht enttäuscht werden.

A

B

D

C

E

A Dehnung im Sitzen: Ziehen Sie im Sitzen ein Bein an den Körper. Beugen Sie sich über das ausgestreckte Bein nach vorne, um die Zehen zu umfassen.

B Dehnung der Oberschenkelinnenseite: Im Sitzen umfassen Sie die Zehen, atmen Sie tief ein. Drücken Sie beim Ausatmen beide Knie zum Boden.

C Grätschstand: Stellen Sie die Füße so weit wie möglich auseinander, drücken Sie die Fußsohlen fest auf den Boden. Beugen Sie sich nun mit geradem Rücken nach vorne und setzen Sie Ihre Handflächen auf den Boden.

D Schulterdehnung 1: Führen Sie Ihren Arm schräg vor Ihren Oberkörper, und legen Sie ihn in die Armbeuge des andern Armes.

E Schulterdehnung 2: Ziehen Sie beide Arme seitlich hinter den Körper, und umfassen Sie die Hände. Ziehen Sie nun die Arme nach oben, ohne dabei mit dem Oberkörper nach vorne zu kippen.

Praktisches Grundwissen

Das Binden des Gürtels

Vermutlich werden auch Sie in der Zukunft Ihren Taekwondo-Gürtel unzählige Male umbinden. Daher ist es unerlässlich, das korrekte Binden des Gürtels zu erlernen. Am weitesten verbreitet ist folgende einfache Methode:

A Der Gürtel wird mit beiden Händen so gefasst, dass beide Enden gleich lang sind. Halten Sie den Gürtel straff gezogen etwa auf Taillenhöhe vor Ihren Körper. Ziehen Sie nun die Hände etwa 45 cm auseinander, führen Sie den Gürtel zum Bauch, und wickeln Sie ihn einmal um Ihre Taille, wobei er hinten im Rücken überkreuzt wird. Ziehen Sie die beiden Enden wieder nach vorne.

B Schieben Sie das rechte Gürtelende unter dem doppelt gewickelten Gürtel hindurch nach links. Überkreuzen Sie die beide Enden, indem sie das linke Ende über das rechte legen, und halten Sie dann die Enden mit der linken Hand fest.

C Stecken Sie nun die rechte Hand in die durch die überkreuzten Gürtelenden entstandene Öffnung, und ziehen Sie das rechte Gürtelende durch die Schlaufe zurück.

D Ziehen Sie nun an beiden Enden, bis der Gürtel fest um ihre Taille liegt. Achten Sie darauf, dass sich das rechte Gürtelende oben befindet und beide Enden gleich lang sind.

Tipp: Eine korrekte Gürtelbindung lässt sich leicht überprüfen, indem Sie den Knoten kontrollieren. Das nach unten heraushängende Gürtelende sollte sich auf Ihrer linken Seite befinden. Mit ein bisschen Übung wird Ihnen das korrekte Binden des Gürtels bald keine Probleme mehr bereiten.

Die korrekte Taekwondo-Faust

Eine korrekte Fausthaltung ist äußerst wichtig, um Hand- oder Handgelenksverletzungen zu vermeiden..

A Rollen Sie Ihre Fingerspitzen nach innen, bis sie an der Unterseite der Finger anliegen. Schließen Sie nun die Finger zu einer geballten Faust, der Daumen wird fest angedrückt und zeigt nach unten.

B Die beiden oberen Faustknöchel (d.h. die von Zeige- und Mittelfinger) bilden die Schlag- oder Auftreff-Fläche.

Handhaltung bei Handkantenschlägen

Beim Handkantenschlag liegen die ausgestreckten Finger der Hand auf einer geraden Linie mit dem Handgelenk.

C Führen Sie Ihren Arm zur Seite, halten Sie die Hand mit der Innenfläche nach unten horizontal zum Boden, und bilden Sie eine Faust. Bei einer korrekten Handhaltung ragen die Faustknöchel etwas über das ausgestreckte Handgelenk hinaus. Die Faust sollte weder nach unten noch nach oben abgeknickt werden. Halten Sie den Arm weiterhin ausgestreckt, während Sie nun die Faust öffnen und den Daumen an die Innenfläche der Hand pressen. Drücken Sie mit der linken Hand den Ellbogen des rechten Arms nach unten, sodass die Fingerspitzen nun nach oben zeigen.

Eine Handvoll nützlicher Tipps

❑ Um die Auftrefffläche Ihrer Faust zu bestimmen, gehen Sie in Liegestützposition und stützen sich nur auf den zwei oberen Faustknöcheln ab (siehe B). Senken Sie nun das Gesäß ab, und bleiben Sie 30 Sekunden in dieser Haltung, bevor Sie sich wieder aufrichten. Die Stellen, an denen Sie nun Ihre Knöchel besonders stark spüren, bilden die Auftreff-Fläche Ihrer Faust.

❑ Der Schlag sollte niemals mit den Knöcheln des Ringfingers oder des kleinen Fingers auftreffen, da dies zu einem Handknöchelbruch führen kann.

❑ Voraussetzung für eine perfekte Blocktechnik ist das Beugen des Armes im Ellbogengelenk. Hand und Unterarm sollten eine gerade Linie bilden.

❑ Beim Handkantenschlag ist darauf zu achten, dass der Arm gerade ausgestreckt wird. Schlagfläche ist der Bereich der Außenkante, der sich etwa 0,5 cm unterhalb des kleinen Fingers befindet.

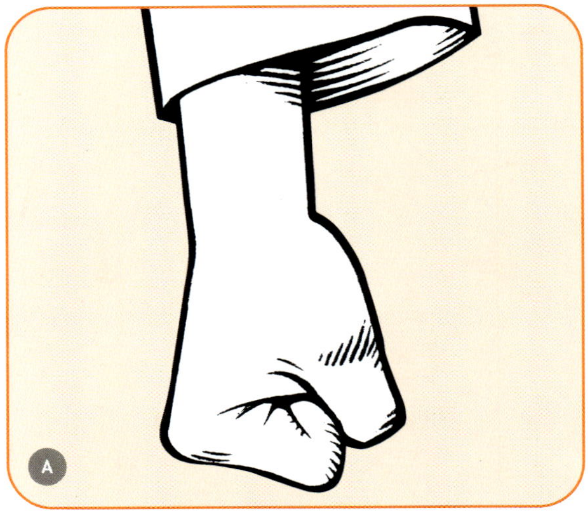

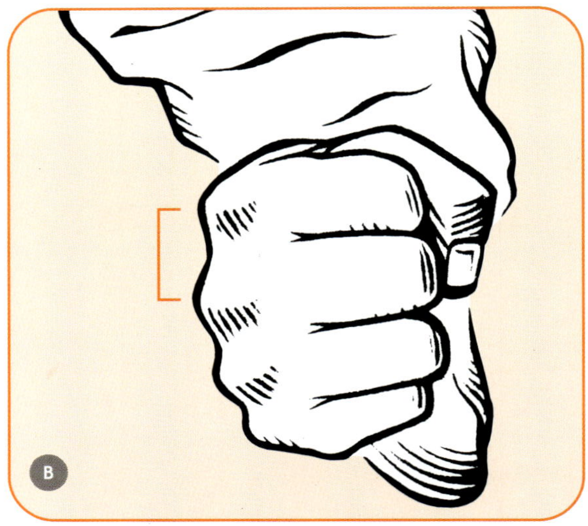

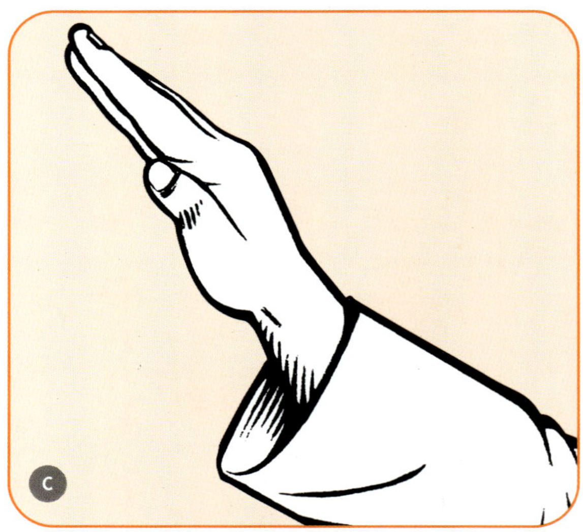

Der Kampfschrei

Die Bedeutung des aus den Kampfkünsten stammenden Begriffs »Kihap« wird mit »Schrei« nur unzulänglich wiedergegeben. Es handelt sich um einen konzentrierten Ausstoß stimmlicher Energie. Diese Konzentration aller Kräfte auf einen Punkt (Fokus) ist ein wichtiges Element der Kampfkünste. (Die zutreffendste Beschreibung für den Kihap ist wahrscheinlich »ein bellender Laut«).

Während der Schlagbewegung wird die gesamte konzentrierte Kraft auf die Zielfläche gelenkt und der Atem mit einem explosionsartigen Kihap ausgestoßen. Ein korrekter Kihap hört sich wie ein »eee-yahhhh« an, wobei der Teil »eee« zeitgleich mit der Einleitung der Technik ertönt. Atmen Sie dabei ein und spannen Sie die Bauchmuskeln an, um sich vor einem Gegenangriff zu schützen.

Gleichzeitig mit dem Ausatmen wird der Teil »yahhh« des Kihap ausgestoßen, wobei die Konzentration aller Kraft und Energie auf die anvisierte Zielfläche gerichtet wird. In Selbstverteidigungssituationen können Sie den Angreifer mit einem kräftigen Kihap überraschen und für einen Moment verwirren. Dies verschafft Ihnen einen kurzen Vorsprung, den Sie zur Flucht nutzen können.

Ein korrekt ausgeführter Kihap unterstützt die Konzentration aller geistigen und körperlichen Kräfte auf einen Punkt.

STELLUNG BEZIEHEN

Ursprünglich war Taekwondo eine Kampfkunst ohne Vollkontakt, die eine perfekte Kontrolle der ausgeführten Hand- und Fußtechniken erforderte. Die eigentlich dahinter steckende Kraft wurde mit Hilfe von Bruchtests demonstriert. Heutzutage ist das Tragen von Schutzpolstern an Händen und Füßen bei fast allen Taekwondo-Wettkampfveranstaltungen und während der Trainingsstunden zur Pflichtausrüstung.

Schutzausrüstung

Eigentlich lag der Zweck der Einführung von Schutzpolstern darin, Wettkampfveranstaltungen sicherer zu gestalten. Dies hatte jedoch den Nachteil, dass die Taekwondo-Kämpfer verlernten, ihre Techniken mit absoluter Kontrolle auszuführen.

Seit das Tragen von Schutzausrüstungen bei Wettkampfturnieren vorgeschrieben wurde, befürchteten immer mehr Studios und Schulen, das Training ohne Schutzpolster könne zu Schadensersatzklagen führen. In der Praxis hat sich jedoch gezeigt, dass es bei Turnieren mit Schutzausrüstung zu weit mehr Verletzungen kommt als bei Veranstaltungen mit kontrolliertem Freikampf (siehe S. 37). Anfangs wurde die Schutzkleidung lediglich bei Wettkämpfen getragen. Seit die Schutzpolster auch in den *Dojangs* eingeführt wurden, scheinen Taekwondo- und Karate-Schüler das Prinzip der kontrollierten Schlagbewegung verlernt zu haben. Daher ist die Schlagkraft ihrer Hand- und Fußtechniken gefährlicher geworden, da sich die Sportler auf die Schutzausrüstung verlassen können.

Der Freikampf ist ein wichtiger Bestandteil des Taekwondo, der jedoch zu selten in die Trainingsprogramme integriert wird. Darüber hinaus hat die Qualität der Freikampftechniken abgenommen, da die Besitzer von Studios und Schulen sehr strenge Sicherheitsmaßnahem eingeführt haben, um sich vor eventuellen Rechtsstreitigkeiten zu schützen.

Natürlich müssen sich die Leiter solcher Trainingsstätten ausreichend absichern. Daher ist die Einführung von Haftungsausschlüssen, in denen die Schüler (bei Minderjährigen die Eltern) vor Aufnahme in eine Taekwondo-Schule eine Verzichtserklärung unterschreiben, inzwischen üblich. Solche Haftungsausschlüsse sind ebenfalls Voraussetzung für die Teilnahme an Wettkampfturnieren.

Da es beim Taekwondo-Training zwangsläufig häufig zu Körperkontakt kommt, müssen sich die Schüler gewisser Risiken bewusst sein. Im Training werden Freikampf-, Wurf- und Bruchtechniken sowie der Umgang mit Waffen geübt. Dabei kann es hin und wieder zu Verletzungen wie Prellungen oder in seltenen Fällen auch zu Knochenbrüchen kommen. Recht häufig treten auch Muskelzerrungen auf.

Eltern und Schüler müssen keineswegs jeglichen Haftungsausschluss akzeptieren. So kann z.B. der Studioleiter für Verletzungen haftbar gemacht werden, die auf defekte Geräte oder gefährliches Zubehör zurückzuführen sind.

Wenn Sie mit dem Haftungsverzicht einverstanden sind kann der Lehrer den Taekwondo-Unterricht in traditioneller Form durchführen. So wird gewährleistet, dass Sie eine authentische Ausbildung ohne abgeschwächte Trainingsmethoden erhalten. Die Wahl eines anerkannten, professionellen Taekwondo-Studios garantiert einen sicheren Unterrichtsablauf mit gut gewarteten Trainingseinrichtungen.

Standtechniken

In allen Kampfkünsten gilt eine korrekte Grundstellung als Basis für die gesamte Ausbildung. Oft stellt sich der erste Erfolg erst nach etlichen Versuchen ein – aber geben Sie nicht auf! Als Anfänger erlernen Sie zunächst die sechs wichtigsten Grundstellungen, die wir Ihnen in diesem Kapitel vorstellen. Diese Stellungen bilden die Grundlage für alle weiteren Taekwondo-Techniken.

Rechte Seite: Tritt-, Stoß- und Sprungtechniken zeigen das breite Spektrum des Taekwondo-Sports.

JORDAN

⇨ Die offene Parallelstellung (Ausgangsstellung)

Die offene Parallelstellung ist eine entspannte Haltung, erfordert jedoch ein hohes Maß an Konzentration. Diese Stellung wird vor allem im Training eingenommen, da sie zu den wichtigen Grundstellungen zählt und die meisten Trainingsübungen und Formen mit dieser Haltung beginnen. Auch im Selbstverteidigungstraining dient sie als Ausgangsposition für Trainingsübungen.

Gehen Sie in die offene Parallelstellung, indem Sie beide Fäuste nach oben zum Kinn ziehen und dabei tief einatmen. Während sich der Bauch mit Luft füllt und dadurch der Brustkorb gedehnt wird, setzen Sie Ihren linken Fuß einen Schritt zur Seite. Ihre Füße sollten etwa schulterbreit auseinander stehen. Eine gleichmäßige Verteilung der Körpermasse auf beide Füße verbessert das Gleichgewicht. Ziehen Sie gleichzeitig mit dem Seitwärtsschritt Ihre Fäuste nach unten bis auf einen Punkt unterhalb des Brustkorbs, und atmen Sie dabei aus. Stoßen Sie nun mit einer schnellen, kraftvollen Bewegung beide Fäuste nach vorne und gleichzeitig etwas tiefer (bis knapp unterhalb des Bauchnabels), sodass die Unterarme auf Taillenhöhe einen Halbkreis bilden. Die Abstand zwischen den Fäusten sollte nicht zu groß sein.

⇦ Die Sitzstellung

Dies ist eine wichtige Grundstellung für alle Kampfkünste, die sehr gut für alle Trainingsübungen, insbesondere zur Perfektionierung der Handtechniken, geeignet ist. Im Kampf kommt diese Stellung allerdings kaum zum Einsatz, da sie den Kämpfer in seiner Beweglichkeit stark einschränkt. Angriffe aus der relativ tiefen Sitzstellung kosten wertvolle Zeit. Dies beeinträchtigt Taktik, Strategie und Durchschlagskraft der Techniken und verschafft dem Gegner Vorteile.

Die Sitzstellung wird mit geschlossenen Füßen eingenommen, beide Arme sind gerade nach vorne gestreckt, die Faustrücken zeigen nach oben. Setzen Sie nun den linken Fuß einen großen Schritt zur Seite, sodass der Abstand zwischen den Füßen etwa zwei Schultern breit ist und die Zehen gerade nach vorne zeigen. Ziehen Sie gleichzeitig die Fäuste ruckartig zur Taille zurück, wobei sie die Faustinnenseite nach oben drehen. Achten Sie darauf, dass die Ellbogen fest an den Körper gedrückt sind und die Fäuste am unteren Brustkorb anliegen. Halten Sie den Rücken gerade.

⇨ Die Vorwärtsstellung

Auch diese Stellung ist in allen Kampfkünsten weit verbreitet, da sie eine gute Basis für Positionsveränderungen bietet, wie z.B. bei Vorwärtsschritten und Vorwärtsstepps oder kombinierten Sprungtechniken. Der stabile Stand des hinteren Fußes bietet eine bessere Abwehrmöglichkeit von Angriffen.

Machen Sie mit Ihrem rechten oder linken Bein einen großen Schritt nach vorne, und beugen Sie gleichzeitig das Knie in einem rechten Winkel zum Boden. Der Abstand der Füße sollte mindestens doppelte Schrittlänge betragen. Achten Sie darauf, dass der hintere Fuß möglichst weit nach vorne zeigt und flach auf dem Boden aufliegt.

Das Knie des vorderen Beines sollte so weit gebeugt sein, dass der Fuß vom Knie verdeckt wird, wenn man nach unten schaut. In der Endposition sollten die Füße schulterbreit auseinander stehen, um maximale Stabilität zu erzielen. Das hintere Knie ist durchgestreckt. Das Gewicht wird etwas mehr auf das vordere gebeugte Bein verlagert.

⇦ Die Rückwärtsstellung

Die Rückwärtsstellung wird auf Grund ihrer defensiven Funktion immer nur für einen kurzen Augenblick eingenommen. Da der größte Teil des Körpergewichts auf dem hinteren Bein ruht, bietet diese Stellung den Vorzug, dass man sich nach einem kurzen Moment der Konzentration auf den nächsten Schritt mit voller Kraft und Entschlossenheit in jede Richtung bewegen kann. Ebenso wie bei der Vorwärtsstellung (oben) leiten Sie die Rückwärtsstellung ein, indem Sie das vordere Bein einen großen Schritt nach vorne setzen. In dieser Stellung wird das hintere Knie ebenfalls leicht gebeugt. Die Stellung ist korrekt, wenn 75 Prozent des Körpergewichtes auf dem hinteren Bein ruhen.

⇦ Die Grundkampfstellung

Diese Stellung muss unbedingt perfekt beherrscht werden, da Sie mit einer fehlerhaften Kampfstellung jedem Gegner ausgeliefert sind. Um eine korrekte Grundkampfstellung einzunehmen, führen Sie beide Fäuste nach vorne und kreuzen Ihre Arme etwa 25 cm vor Ihrer Brust. Rechtshänder überkreuzen die Hände an den Handgelenken, wobei die rechte Faust oben liegt, Linkshänder führen die Bewegung gegengleich durch.

Gehen Sie nun einen Schritt zurück (ca. 50 cm), und ziehen Sie gleichzeitig die linke Hand ruckartig vor die Brustmitte zurück, während die rechte Hand ungefähr 30 cm nach vorne gestoßen wird. Die linke Hand sollte sich stets mit dem Faustrücken nach oben vor der Brustmitte befinden. Diese Position ist Voraussetzung für einen korrekten Abwehrblock und eine schnelle Stoßbewegung. Die linke Faust bleibt direkt vor der Brust, der Ellbogen der Führungshand befindet sich etwa 12 bis 15 cm vom Körper entfernt. In der Grundkampfstellung sollten die Füße ungefähr schulterbreit (ca. 45 cm) auseinander stehen. Die Knie sind leicht gebeugt, das Körpergewicht ist gleichmäßig verteilt.

⇨ Die Tigerstellung

Dies ist eine spezielle Stellung, die sich erheblich von anderen, stabileren Stellungen unterscheidet. Auf Grund der Beweglichkeit des vorderen Beines kann eine Reihe an Vorwärtstritten ausgeführt werden, ohne dabei das Körpergewicht immer wieder verlagern zu müssen. Der große Vorteil der Tigerstellung liegt darin, dass das Gewicht immer auf einem Bein ruht. Denn sobald ein Taekwondo-Schüler gezwungen ist, seine Stellung zu wechseln, bietet er dem Gegner eine Angriffsmöglichkeit, da der Körper für kurze Zeit aus dem Gleichgewicht kommt.

Bei der Tigerstellung wird ausschließlich ein Bein belastet, da 95 Prozent des gesamten Körpergewichtes auf dem hinteren Bein ruhen. Der hintere Fuß zeigt nach vorne und liegt fest auf dem Boden auf. Das Knie des vorderen Beines ist leicht gebeugt. Der vordere Fußballen berührt nur leicht den Boden – jederzeit einsatzbereit für Angriffstritte.

Fehlerhafte Grundkampfstellung

Einer der häufigsten Anfängerfehler besteht darin, beim Schritt zurück in die Grundkampfstellung die Schulter zu drehen. Sie sollten sich nicht zu weit zur Seite drehen in dem Versuch, die Angriffsfläche Ihres Körpers zu reduzieren. Achten Sie unbedingt auf eine nach vorne ausgerichtete Körperhaltung.

⇩ Eine seitlich ausgerichtete Körperhaltung hat zwei große Nachteile:

Statt Ihren Körper vor Angriffen zu schützen, präsentieren Sie dem Gegner Ihre verletzliche Rumpfseite. Halbkreistritte, die vor allem bei Sparringskämpfen eingesetzt werden, können so zielgenau platziert werden. Außerdem wird Ihr Spektrum an Körperwaffen eingeschränkt. Aus einer seitlichen Stellung können Sie ohne Steppschritt nicht einmal einen Fauststoß abwehren.

Erfahrene Kämpfer wissen, dass in einer seitlichen Körperhaltung nur vier Beintechniken erfolgreich ausgeführt werden können (darunter Seitwärtstritt und Rückwärtsdrehtritt). All diese Tritttechniken sind jedoch schwierig und erfordern viel Übung.

Voraussetzung für eine korrekte Körperhaltung ist eine gleichmäßige Gewichtsverteilung, die Ihnen erlaubt, das Gleichgewicht zu halten und gleichzeitig wirkungsvolle Schlag- und Tritttechniken auszuführen. Ihre Tritte erzielen so eine stärkere Durchschlagskraft und können zielgenauer gelandet werden. Ihr Gegner wird Ihre Stärken erkennen und sich daher in Acht nehmen müssen.

⇩ Da Sie in einer offenen Kampfstellung weniger seitliche Angriffsfläche bieten, wird der Gegner vermutlich mit einem Vorwärtstritt angreifen. Im Freikampf mit einem erfahrenen Partner sollten Sie daher aufpassen. Die wenigsten Anfänger beherrschen jedoch perfekte Vorwärtstritte, da sie die Schlagbewegung meist nach oben statt nach innen ausführen. So trifft der Tritt zwangsläufig auf einen Ellbogenblock, was so schmerzhaft sein kann, dass der Anfänger diesen Fehler nicht noch einmal begeht (korrekte Ausführung von Vorwärtstritten siehe S. 62-63).

Der größte Vorteil der offenen Kampfstellung liegt darin, dass alle Taekwondo-Techniken ohne vorherige Steppschritte ausgeführt werden können, die dem Gegner einen Hinweis auf nachfolgende Techniken geben würden.

Der Sicherheitsabstand

Bei jeder Begegnung mit einem Angreifer, sei es im Freikampf oder während einer Auseinandersetzung auf der Straße, sollte unbedingt ein genügender Sicherheitsabstand zum Gegner eingehalten werden. Diese Taktik wird auch bei Polizeieinsätzen befolgt.

Unter Sicherheitsabstand versteht man eine ausreichende Entfernung zum Gegner, sodass Sie in der Lage sind, gegebenenfalls angemessen zu reagieren. Im Bereich der Kampfkünste gilt eine Entfernung, die etwas mehr als die Länge eines ausgestreckten Beines (ca. eineinhalb Schrittlängen) beträgt, als Richtmaß für einen angemessenen Sicherheitsabstand.

Achten Sie darauf, dass Sie weit genug vom Angreifer entfernt stehen, sodass dieser zunächst einen Schritt auf Sie zumachen muss, bevor er angreifen kann. Mit einem korrekten Sicherheitsabstand können Sie entweder die Flucht ergreifen oder mit einem Gegenangriff reagieren.

A Wenn Sie keinen ausreichenden Sicherheitsabstand einhalten, stehen Sie zu nahe zum Gegner. So befinden Sie sich in gegenseitiger Reichweite, sodass derjenige, der zuerst oder schneller reagiert, einen Treffer landen wird.

B Wahren Sie Ihren Sicherheitsabstand, und bleiben Sie außerhalb der Reichweite gegnerischer Tritt- oder Schlagbewegungen. So spielen Faktoren wie Begabung oder Kampferfahrung keine Rolle, und beide Kämpfer haben vergleichbare Ausgangsbedingungen. Ein Sicherheitsabstand von eineinhalb Schrittlängen ermöglicht Ihnen, gegebenenfalls auszuweichen oder mit einer Block- oder Kontertechnik zu reagieren.

Freikampf im Training

Der Freikampf ist ein sehr nützliches Element im Taekwondo. Er wurde in erster Linie entwickelt, um Schülern die Möglichkeit zu bieten, Ausführung und Wirkungsweise von Hand,- Fuß- und Blocktechniken auszutesten. Der Schüler lernt so nicht nur den richtigen Einsatz seiner »Körperwaffen«, sondern auch die Einhaltung einer ausreichenden Entfernung zum Gegner und gegebenenfalls das Eindringen in seinen Sicherheitsbereich.

So beliebt der Freikampf in den Trainingsprogrammen der *Dojangs* auch ist, es muss doch betont werden, dass er nicht mit realistischen Kampfsituationen zu vergleichen ist. Der Freikampf wird gewöhnlich mit Leichtkontakt praktiziert, d.h. die Schüler lernen, ihre Schlagtechniken zu kontrollieren und mit minimaler Kraft auszuführen, unabhängig davon, ob eine Schutzausrüstung getragen wird oder nicht. Da Taekwondo-Lehrer Freikämpfe genauestens überwachen, werden die Regeln strikt eingehalten. Nur bestimmte Angriffsflächen sind zulässig. In einem kontrolliertem Freikampf ist daher ein Angriff gegen empfindliche Vitalpunkte wie Hals, Nieren, Wirbelsäule, Unterleib oder Hinterkopf ausgeschlossen.

Verteidigungstechniken, die in vielen Kampfsituationen auf der Straße entscheidend sind (wie z.B. Angriffe auf Hals, Augen oder Unterleib), sind im Freikampf strikt verboten, werden jedoch im Selbstverteidigungstraining für fortgeschrittene Schüler unterrichtet.

Durch regelmäßiges Formentraining und spezielle Tritt- und Schlagübungen baut der Schüler die erforderliche Kraft und Schnelligkeit auf. Welche Kraft hinter einer Hand- oder Fußtechnik stecken kann, erfahren die Schüler beim Bruchtest.

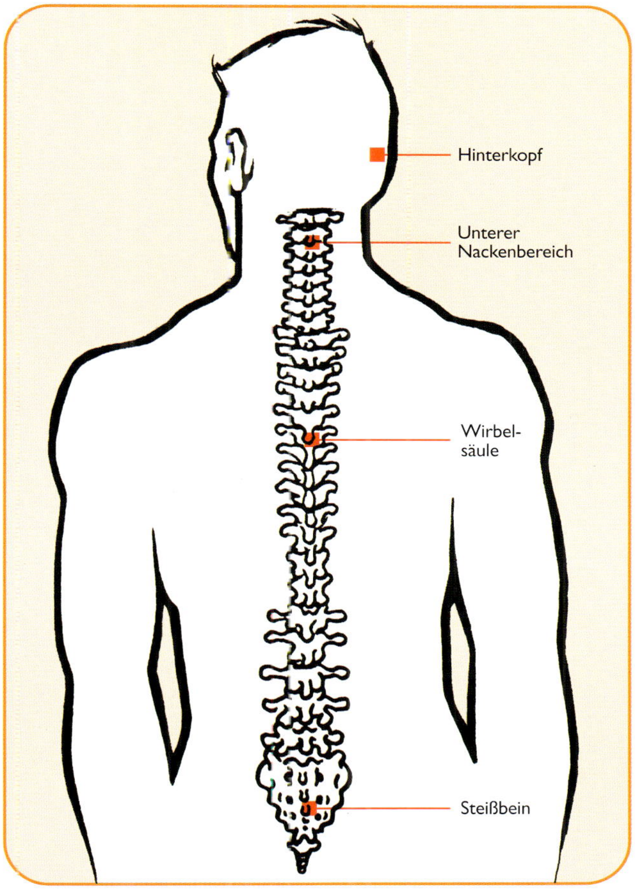

Oben: Falls Sie gezwungen sind, sich gegen einen Angreifer zur Wehr zu setzen, sollten Sie Ihre Schläge, Stöße, Stiche und Tritte hauptsächlich gegen empfindliche Angriffsflächen wie Hinterkopf, unteren Nackenbereich, Wirbelsäule oder unteren Rückenbereich richten.

Kraft, Schnelligkeit und Beweglichkeit sind Grundelemente des Taekwondo.

GRUNDTECHNIKEN

So wie es im Leben immer wieder Raum für Erneuerung und Wandel gibt, gilt dies auch für den Bereich der Kampfkünste. Nehmen wir das Beispiel eines Ingenieurs, der einen Konstruktionsplan für eine Brücke entwirft. Mit Hilfe dieses Bauplanes entsteht die Brücke. Hält sich ein anderer Ingenieur genau an diese Vorlage, ist er in der Lage, exakt die gleiche Brücke zu bauen. Mit der Kunst verhält es sich jedoch anders. So kann ein Taekwondo-Schüler mit Hilfe eines speziellen Trainingsplans den schwarzen Gürtel erlangen, während ein anderer Schüler mit dem gleichen Programm dieses Ziel nicht erreichen wird. Hierin liegt das Wesen der Kunst.

Das Formentraining

Ursprung und zugleich wichtigstes Element des Kampfkunsttrainings ist das Formentraining, das als fester Bestandteil in jedes Trainingsprogramm aufgenommen werden sollte. Viele Kampfkünstler, darunter sogar höhere Dan-Träger, beherrschen oftmals keine einzige Form oder sind sich ihrer Bedeutung nicht bewusst. Vermutlich erscheinen ihnen die Formen überflüssig, da sie keine eigentlichen Kampftechniken darstellen. Hinter einer solchen Fehleinschätzung steckt oft eine unzulängliche Ausbildung.

Im Formentraining erlernt der Anfänger zunächst Grundbewegungsformen wie Stepp-, Dreh-, Block- und Schritttechniken. In einigen Schulen müssen Schüler mehrere Dutzend Formen perfekt beherrschen, bevor sie zur Dan-Prüfung antreten können. Im Laufe der Ausbildung kommen weitere Formen hinzu, die regelmäßig geübt werden müssen. Beim Training anspruchsvollerer Formen erlernt der Schüler Techniken wie den Hüfteinsatz, Tritt- und Schlagbewegungen aus der Drehung sowie Blocktechniken bei Angriffen aus verschiedenen Richtungen. Das Trainingsprogramm fortgeschrittener Schüler umfasst sogar Sprung-, Fege- und Wurftechniken.

Traditionelle Meister vertreten die Meinung, dass man drei Jahre bis zur perfekten Ausführung einer Form benötigt. Viele Taekwondo-Neulinge glauben fälschlicherweise, sie könnten sich sogleich an eine neue Form wagen, sobald sie den »korrekten Ablauf« einer Form erlernt haben. Dies ist aber keineswegs der Fall. Nach Ansicht erfahrener Lehrer kann es Jahre dauern, bis man eine passable Leistung zustande bringt.

Da je nach Schule unterschiedliche Formen und Bewegungssequenzen gelehrt werden, wäre eine ausführliche Aufstellung aller Formen in diesem Handbuch nicht sehr sinnvoll. Daher haben wir hier lediglich eine elementare Übungsform als Beispiel herausgegriffen.

Sinn und Zweck des Formentrainings

Beim Formentraining werden die einzelnen Formen durch ständiges Üben bis zur Perfektion einstudiert. Der Formenlauf ist außerdem ein ideales Mittel, um die Kondition zu stärken.

Der Formenlauf ermöglicht den Schülern die Ausführung von Tritt-, Block- und Schlagtechniken mit voller Härte. Gleichzeitig werden innere Ruhe und geistige Aufmerksamkeit gefördert. Durch die Konzentration auf die jeweilige Form entwickelt der Schüler eine ruhigere und gelassenere Einstellung. Diese Geisteshaltung und die Fähigkeit, sich auf einen Punkt zu konzentrieren, sind lebenswichtige Aspekte der Selbstverteidigung.

Wie alle Kampfkünste basiert auch Taekwondo auf bestimmten Grundelementen. Schlag-, Tritt- und Blocktechniken sowie die einzelnen Formen müssen regelmäßig geübt werden, um die Reaktionen zu automatisieren, bis sie jederzeit abrufbar sind. Niemals sollte ein Schüler innehalten müssen, um über seinen nächsten Schritt nachzudenken. Da alle Schlag- und Abwehrtechniken auch in Kombination mit Schrittbewegungen ausgeführt werden können, muss der Schüler zunächst die verschiedenen Steppbewegungen erlernen.

Rechte Seite: Nach erfolgreichem Absolvieren der Taekwondo-Grundschule erlernen die Schüler Sprungtechniken.

Stepptechniken

Das Erlernen traditioneller Stepptechniken ist unerlässlich. In einigen modernen Kampfkunststilen werden Steppschritte in abgeänderter Form praktiziert, ohne allerdings die solide Grundlage traditioneller Techniken zu berücksichtigen. Im Gegensatz zu Anhängern traditioneller Lehrmethoden propagieren manche Taekwondo-Lehrer Stepptechniken, die lediglich auf gewöhnlichen Vorwärtsbewegungen basieren. Fehlerhafte Steppbewegungen können jedoch die Durchschlagskraft erheblich mindern.

A Gehen Sie zunächst in die Vorwärtsstellung. Das hintere Bein (rechts) ist gestreckt, das Knie des vorderen Beines (links) gebeugt.

B Ziehen Sie nun das rechte Bein parallel zum linken Bein. Beide Beine sollten jetzt leicht auseinander stehen und die Knie gebeugt sein. Der nächste Schritt erfolgt mit dem Bein, das zunächst nach hinten gestreckt war.

C Während der Vorwärtsbewegung des rechten Beines verlagert sich das gesamte Körpergewicht auf das arretierte linke Knie. Unterstützt durch die Kraft aus dem Knie wird der gesamte Körper nach vorne gebracht, was eine wesentlich größere Durchschlagskraft erzeugt.

Einige nützliche Tipps: Das Bein, das anfangs vorne stand (links,) befindet sich am Ende des Bewegungsablaufs hinten und ist durchgedrückt. Die unbedingt erforderliche Hüftdrehung bewirkt die Arretierung des Knies. Wird diese einfache Stepptechnik (nach dem Prinzip »Kraft-Schwung-Drehung«) mit hoher Geschwindigkeit ausgeführt, können Sie maximale Wirkung erzielen. Gleichzeitig mit der Schrittbewegung kann ein kraftvoller Fauststoß ausgeführt werden. Achten Sie darauf, dass das hintere Bein nicht gebeugt, sondern fest durchgedrückt ist. In der Endposition jedes einzelnen Schritts sollten die Füße schulterbreit auseinander stehen.

Arm- und Handtechniken

Training der Bewegungsabläufe

Nach dem Erlernen der grundlegenden Arm- und Handtechniken, die in diesem Kapitel ausführlich erklärt werden, beginnt der Taekwondo-Anfänger mit dem Training der Bewegungsabläufe. Jede Bewegung wird dreimal hintereinander in rascher Folge ausgeführt. Während der letzten Wiederholung stößt der Schüler den Kampfschrei Kihap aus. In der Regel werden solche Übungen aus der Sitzstellung praktiziert.

Beispiel: Beim Rumpfstoß wird die Faust nach der ersten Stoßbewegung wieder in die Ausgangsposition auf Gürtelhöhe gezogen. Gleichzeitig wird die andere Faust mit exakt der gleichen Technik nach vorne gestoßen. Sobald diese Faust die Zielfläche erreicht hat, wird sie ruckartig zur Hüfte zurückgezogen, und die erste Faust setzt erneut zu einem Stoß an. Während des dritten und letzten Faustst0ßes wird der Kampfschrei Kihap ausgestoßen. Diese Trainingsübung sollte mit allen in diesem Kapitel vorgestellten Handtechniken praktiziert werden.

Beim Vorwärtsstoß zeigt der Faustrücken zunächst nach unten. Erst kurz vor dem Auftreffmoment wird die Faust nach oben gedreht.

⇧ Der Fauststoß zum Rumpf

A Nehmen Sie die Sitzstellung ein, führen Sie beide Fäuste mit den Daumen nach oben zur Hüfte bis knapp über Gürtelhöhe. Stoßen Sie zunächst die rechte Faust auf Höhe des Solarplexus direkt vor die Körpermitte. (Die Faust wird nicht geradlinig vor die Schulter geführt, sondern mit einer nach innen gerichteten Schlagbewegung zum Gegner gestoßen.)

B Sobald der Arm zu 95 Prozent gestreckt ist, drehen Sie die Faust ruckartig nach oben, sodass die Knöchel nach oben zeigen. (Wird der Rumpfstoß mit einem Vorwärtsstepp kombiniert, wird die Schlaghand sofort zur Hüfte zurückgezogen, während die andere Faust zu einer weiteren Stoßbewegung ansetzt.)

C Der unmittelbar nachfolgende Fauststoß (mit der anderen Hand) erzielt eine wesentlich größere Durchschlagskraft als der erste Stoß, da durch die Gegenbewegung der zweiten Faust ein starker Vorwärtsimpuls erzeugt wird. Die erste Faust wird sofort nach Beendigung der Stoßbewegung ruckartig zurückgezogen. Gleichzeitig setzen Sie mit der anderen Faust zum Nachfolgestoß an.

⇩ Der Doppelfauststoß

A Der Bewegungsablauf entspricht der Technik des einfachen Fauststoßes, allerdings werden die beiden Fäuste nicht nacheinander, sondern gleichzeitig zum Ziel gestoßen.

B Erst unmittelbar vor dem Auftreffmoment werden beide Faustrücken nach oben gedreht.

* In der Endphase des doppelten Fauststoßes werden die Fäuste kurz vor dem Auftreffmoment mit einer ruckartigen Drehbewegung nach oben gedreht, sodass die Finger nach unten zeigen und die Knöchel des Zeige- und Mittelfingers die Schlagfläche bilden (siehe S. 28). In diesem Beispiel wird die linke Faust zum Kinn des Gegners gestoßen, die rechte zielt auf den Solarplexus.

⇦ Der Fauststoß zum Kopf

A Der Fauststoß zum Kopf wird ebenso ausgeführt wie der Rumpfstoß. Der einzige Unterschied besteht darin, dass hier der Kopfbereich des Gegners anvisiert wird. Diese Technik erlaubt einen kraftvollen Fauststoß zum Kopf, ohne dass der Angriff durch gegnerische Blocktechniken oder Klammergriffe abgewehrt werden kann.

* In der Endphase des Fauststoßes zum Kopf wird die Faust direkt nach oben zum Kopf des Gegners gestoßen.

⇩ Der Fingerspitzenstich (Speerhand)

Beim Fingerspitzenstich sind Technik und Impulsbewegung die gleichen wie beim Rumpfstoß. Der einzige Unterschied liegt in der Handhaltung. Die Finger werden nicht zu einer Faust geballt, sondern gerade ausgestreckt, wobei der Daumen fest an die Handinnenfläche gedrückt wird.

A Der hier dargestellte Fingerspitzenstich zeigt die korrekte Stellung der Finger. Der Zeigefinger sollte immer vollkommen ausgestreckt sein, Mittel- und Ringfinger werden leicht gekrümmt, sodass die drei Finger eine Linie bilden. Dadurch wird die Wucht des Aufpralls von allen drei Fingern gleichzeitig abgefangen, was das Verletzungsrisiko der empfindlichen Handknöchel verringert.

* Die Speerhand zielt hier zum Hals des Gegners – einer besonders verletzlichen Körperpartie.

Tipp: Die Fingerspitzen sollten eine Linie bilden, damit die Wucht des Stoßes im Auftreffmoment von allen Fingern gleichzeitig abgefangen wird.

Die gestreckte Hand ist eine effektive Abwehr- und Angriffswaffe.

⇨ Der doppelte Fingerspitzenstich

Der doppelte Fingerspitzenstich wird genauso ausgeführt wie der doppelte Fauststoß, allerdings werden die Finger nicht zu Fäusten geballt sondern ausgestreckt. Dies ist eine nützliche Kontertechnik, mit der ein gegnerischer Angriff leicht und blitzschnell durchbrochen werden kann. Gleichzeitig können Sie zu einem kraftvollen Schlag in die Magengegend des Gegners ansetzen.

A Halten Sie beide Hände nahe am Körper, die Finger sind gerade ausgestreckt. Beim doppelten Fingerspitzenstich werden beide Hände zu »spitzen Speeren«.

B Stoßen Sie nun beide Hände mit einer blitzschnellen, kraftvollen Bewegung gerade nach vorne.

⇦ Handkantenschlag von außen nach innen

Dieser kraftvolle und vernichtende Schlag, der ursprünglich auch als »Judo-Schlag« bezeichnet wurde, wird mit der gestreckten Handkante ausgeführt. Er verdankt seine enorme Durchschlagskraft einer relativ kleinen Schlagfläche. Ein einziger Handkantenschlag kann unter Umständen dem Gegner das Schlüsselbein brechen, ein Schlag in den Nacken kann sogar tödlich sein.

A Wird der Schlag mit rechts ausgeführt, müssen Sie zunächst die rechte Hand zurück zum rechten Ohr führen.

B Ziehen Sie die linke Hand seitlich an die Hüfte. Gleichzeitig zielt die rechte Handkante mit einer halbkreisförmigen Schlagbewegung gegen die Schläfe des Gegners.

⇩ Der Handballenstoß

Beim Handballenstoß wird die flache Hand zum Kinn des Gegners gestoßen, wobei die Finger leicht gekrümmt sind, sodass die Augen des Gegners eine weitere Zielfläche bilden. Diese Technik zielt zwar in erster Linie auf das gegnerische Kinn, kann aber auf Grund ihrer enormen Schlagkraft auch als Angriffswaffe gegen den gesamten Gesichtsbereich sowie Brust und Solarplexus eingesetzt werden.

A Dieser kraftvolle Schlag ist gegen das Kinn gerichtet. Die Handinnenfläche bildet die Schlagfläche.

* Ein Handballenstoß mit links, Abwehrblock mit rechts.

⇨ Die Knöchelfaust

Bei dieser Technik wird die Faust nur halb geballt, sodass die Fingerspitzen an der Unterseite der Finger anliegen und nicht komplett eingerollt werden. Da die Knöchelfaust eine relativ kleine Schlagfläche besitzt, wird die gesamte Schlagkraft auf eine kleine Trefffläche gelenkt. Gegen Nase, Solarplexus oder Hals gerichtet, erzielt diese Technik eine besonders vernichtende Wirkung.

- ❑ Der Daumen wird unterhalb der eingerollten Fingerspitzen fest an die Faustinnenfläche gepresst. Schieben Sie die zweiten Knöchel Ihres Zeige- und Mittelfingers nach vorne. Diese führen die Hand während der Schlagbewegung nach vorne. Die beiden vorstehenden Knöchel bilden die Schlagfläche.
- ❑ Die beiden vorgeschobenen Knöchel von Zeige- und Mittelfinger bilden die Aufschlagfläche. Pressen Sie den Daumen fest an die Fingerspitzen von Zeige- und Mittelfinger, um die vorstehenden Knöchel abzustützen und so Verletzungen zu vermeiden.

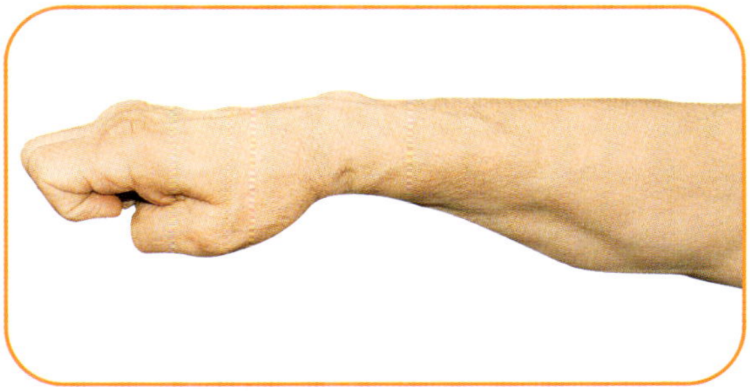

⇦ Stich in die Augen (Scherenhand)

Dieser Stich ist eine einfache und doch sehr wirksame Technik. Auch zur Selbstverteidigung ist die Scherenhand gut geeignet, da sie starke Schmerzen und eine vorübergehende Erblindung verursachen kann.

A Beim Stich in die Augen wird die Hand zu einer Faust geballt, Zeige- und Mittelfinger bleiben ausgestreckt.

* Der Stich in die Augen wird mit Zeige- und Mittelfinger ausgeführt, wie hier in der Endphase der Technik zu sehen ist. Ein solcher Stich kann den Gegner außer Gefecht setzen.

⇩ Seitlicher Handkantenschlag

Die Schlagbewegung muss mit der Handaußenkante erfolgen. Die Handfläche zeigt dabei nach unten.

A Die Arme werden vor dem Körper überkreuzt. Der oben liegende Arm ist der Schlagarm.

B Der untere Arm wird seitlich zurückgezogen, die Schlaghand im flachen Bogen nach vorne geschwungen.

* Während Sie den Führungsarm in einem flachen Bogen in Richtung Ziel schwingen, um dem Gegner einen kraftvollen Schlag zu versetzen, wird der andere Arm ruckartig seitlich zur Hüfte gezogen, die Hand wird dabei zur Faust geballt. Die Gegenbewegung der beiden Arme verleiht diesem Handkantenschlag maximale Durchschlagskraft.

⇩ Der Faustrückenschlag

Der Faustrückenschlag basiert auf dem gleichen Prinzip wie der seitliche Handkantenschlag, allerdings wird er mit der geballten Faust ausgeführt, wobei der kleine Finger nach unten zeigt und der Zeigefinger oben liegt.

A Die Arme werden vor dem Körper gekreuzt, um die Gegenbewegung beider Arme einzuleiten. Die Schlagfaust sollte in einer vertikalen Haltung geführt werden, damit der erste Aufprallkontakt mit den oberen Faustknöcheln erfolgt.

B Dank einer schnellen Schnappbewegung wird die Zielfläche mit beiden Faustknöcheln anstatt mit der Vorderseite der Faust getroffen.

* Durch einen Faustrückenschlag zur Schläfe oder zum Ohr kann der Gegner die Orientierung verlieren. Auch ein Angriff auf das Gesicht kann vernichtend sein.

ACHTUNG: Bei Stoßtechniken sollten die Arme niemals vollkommen durchgestreckt werden, da sonst die Gefahr der Überdehnung besteht und der Ellbogen verletzt werden kann. Die Schlagbewegung sollte etwa 25 mm vor Erreichen der maximalen Armstreckung gestoppt werden.

⇧ Der Kleinfingerfaustschlag

Meist wird dieser Schlag zur Seite ausgeführt und mit einer schnellen, kraftvollen Ausholbewegung eingeleitet. Der Schlagarm wird zunächst aufwärts in eine Position senkrecht zum Boden gebracht und dann mit einer weiten Ausholbewegung voller Wucht nach unten gestoßen. Gleichzeitig wird die andere Faust zur Hüfte zurückgezogen.

Ein Kleinfingerfaustschlag zur Nase entscheidet meist über den Ausgang eines Kampfes. Wird er gegen die Schulter des Gegners gerichtet, kann dies zum Bruch des Schlüsselbeines führen und den Gegner außer Gefecht setzen.

A Zur Durchführung des Kleinfingerfaustschlages werden die Arme vor dem Körper über Kreuz gehalten, um eine Gegenbewegung der beiden Arme einzuleiten. Der Schlagarm (links) befindet sich oben. Beide Hände sind fest zu Fäusten geballt.

B Fixieren Sie das Ziel und bereiten Sie Ihren Angriff auf Kopf oder Oberkörper des Gegners vor. Führen Sie die linke Hand zur Seite bis auf einen Punkt knapp über Kopfhöhe.

C Während Sie die linke Hand nach unten sausen lassen, wird die rechte zurück zur Hüfte gezogen. Der Schlag wird mit der Unterseite der Faust (Kleinfingerseite) ausgeführt.

⇩ Der Seitwärtsstoß

Der Seitwärtsstoß wird in der offenen Parallelstellung (Ausgangsstellung) eingeleitet und endet in der Sitzstellung.

A Zur Ausführung des Seitwärtsstoßes gehen Sie in die offene Parallelstellung und drehen die Faustrücken nach unten.

B Setzen Sie Ihren rechten Fuß einen Schritt in Richtung Ziel, wobei die Schlagfaust (hier die rechte) in ihrer Ausgangsposition auf Gürtelhöhe etwa 5 cm vor der Hüfte bleibt. Führen Sie die linke Faust (Faustrücken nach oben) an der Schlagfaust vorbei schräg vor den Körper. Drehen Sie den Oberkörper in einer fließenden Bewegung um 90° nach rechts, und schauen Sie dabei zum Ziel.

C Während Sie Ihren Körper in die Sitzstellung drehen, sollten Sie die Füße fest am Boden verankern. Stoßen Sie nun die rechte Faust kraftvoll zur Seite, wobei der Faustrücken kurz vor dem Aufprall nach oben gedreht wird. Gleichzeitig wird die linke Faust wieder in ihre ursprüngliche Position auf Hüfthöhe zurückgezogen. Achten Sie während der Stoßbewegung auf eine angespannte, aufrechte Körperhaltung.

Tipp: Dreh- und Stoßbewegung sollten zeitgleich erfolgen, da so die Schlagkraft erheblich verstärkt wird.

Grundlegende Blocktechniken

Handabwehrtechniken werden meist mit einem Vorwärtsstepp kombiniert. Trainingsübungen können auch in Form von unterschiedlichen Blocktechniken mit Vorwärts- und Rückwärtsstepps ausgeführt werden. Beim Training der Arm- und Handabwehrtechniken wird oft jeder Block mit einer einzelnen Steppbewegung eingeleitet.

⇩ Der Tiefblock

Der Tiefblock wird mit dem äußeren Unterarm gebildet (hier aus der Sitzstellung).

A Führen Sie die Faust (hier die rechte) hinauf zur gegenüberliegenden (linken) Schulter. Schützen Sie mit der linken Hand Ihre Leistengegend.

B Lassen Sie nun die rechte Blockfaust blitzschnell nach unten sausen bis zur Außenseite des rechten Knies. Die Faust sollte eine Faustbreit über dem Knie gestoppt werden.

C Die rechte Faust befindet sich nun in der Endstellung des rechten Tiefblocks. Die linke Faust wurde gleichzeitig zur Hüfte zurückgezogen.

* Ein gegen die Magengegend gerichteter Vorwärtstritt mit links wurde von der Kämpferin (rechts im Bild) mit Hilfe eines rechten Tiefblocks erfolgreich abgelenkt.

⇧ **Der Gesichtsblock**

Stellen Sie sich vor, Sie ergreifen mit der blockenden Hand ein Messer, das Sie dann schräg nach oben stoßen, um einen über Ihrem Kopf hängenden Ballon zu zerstechen.

A Nehmen Sie zunächst die Ausgangsstellung ein, indem Sie die Arme fest an die Seiten drücken, die Hände zu Fäusten ballen und die Faustrücken nach unten drehen.

B Kreuzen Sie nun die Arme vor Ihrem Körper. Die Faust des Blockarmes sollte sich etwa auf Höhe der gegenüberliegenden Achselhöhle befinden, der Faustrücken zeigt nach außen.

C Während der nicht blockende Arm wieder auf Gürtelhöhe zurückgezogen wird, schwingt der Blockarm schräg nach oben, wobei die Faust gedreht wird. Der Arm wird bis über den Kopf geführt, der Ellbogen ist gebeugt, um einen gegnerischen Abwärtsschlag abzuwehren. Achten Sie darauf, dass der Blockarm nicht nur leicht angehoben wird, sondern mit einer kraftvollen Schlagbewegung nach oben geschwungen wird.

* Der Gesichtsblock wird häufig eingesetzt, da mit ihm fast alle Angriffe auf das Gesicht abgewehrt werden können.

⇧ Der Außenblock

Mit einem Außenblock werden Schläge zur Körpermitte abgefangen und abgelenkt. Die Blocktechnik muss schnell, kraftvoll und entschlossen ausgeführt werden, um den Angriff erfolgreich abzuwehren.

A Beide Arme werden vor dem Körper gekreuzt, die Hände sind zu Fäusten geballt, der Blockarm (hier der rechte) befindet sich unterhalb des anderen.

B Der oben liegende Arm wird zurückgezogen, die Faust bleibt auf Gürtelhöhe. Gleichzeitig wird der Ellbogen des Führungsarms im 90°-Winkel gebeugt und nach außen geführt.

C In der Endstellung befindet sich die Faust auf Höhe der äußeren Schulter.

* Der Außenblock ist eine wirksame Blocktechnik, um Schläge gegen die Körpermitte abzufangen (siehe Abbildung). Diese wirkungsvolle Abwehrtechnik kann auch mit Vorwärts- oder Rückwärtsstepps kombiniert werden.

⇩ Der Innenblock

Mit der Technik des Innenblocks können gegnerische Tritte und Schläge abgefangen und umgelenkt werden. Er wird daher auch als Abfangblock bezeichnet.

A Gehen Sie in die Ausgangsstellung und legen Sie beide Fäuste auf Gürtelhöhe seitlich an den Körper.

B Führen Sie nun den nicht blockenden Arm parallel zum Boden vor Ihren Körper. Schwingen Sie gleichzeitig die Faust des blockenden Armes nach oben zum Ohr.

C Ziehen Sie die Faust des nicht blockenden Arms blitzartig zum Gürtel zurück. Gleichzeitig wird die andere Faust mit einer Drehbewegung schräg vor den Körper gestreckt. Achten Sie darauf, dass der Arm leicht gebeugt ist und die Faust mit der Handfläche nach oben bis zur Außenseite Ihrer gegenüberliegenden Schulter geschwungen wird.

* Im Aufprallmoment wird die Faustinnenseite ruckartig nach oben gedreht und etwas zurückgezogen. Achten Sie darauf, dass der Innenblock mit der Innenseite des Unterarmes gebildet wird.

⇩ Der verstärkte Block

Der verstärkte Block basiert auf der gleichen Technik wie der Außenblock. Die nicht blockende Faust wird jedoch nicht wieder in die Ausgangsposition zur Hüfte zurückgezogen, sondern unterstützt den Führungsarm in der Abwehrbewegung, indem sie ihn auf Ellbogenhöhe gegen den Schlag stabilisiert.

A Nehmen Sie die Ausgangsstellung ein.

B Führen Sie den rechten Arm von der gegenüberliegenden Körperseite wieder zurück nach rechts außen, um einen Außenblock zu bilden. Gleichzeitig drücken Sie die linke Faust in Ellbogenhöhe gegen den Blockarm, um ihn abzustützen.

C Diese verstärkte Blocktechnik bietet eine optimale Abwehr gegen Angriffstritte.

* Die Abbildung zeigt die Endposition eines verstärkten Abwehrblocks, mit dem gegnerische Tritte wirkungsvoll gestoppt und abgelenkt werden können.

⇧ Der doppelte Handkantenblock

Der doppelte Handkantenblock ist eine extrem schnelle und bewegliche Abwehrtechnik, die aus den meisten Stellungen heraus erfolgreich ausgeführt werden kann. Mit einer Hand wird der Schlag des Angreifers abgewehrt, während die andere Hand vor die Brustmitte geführt wird, um einen anschließenden Angriffsschlag vorzubereiten oder einen weiteren Abwehrblock zu bilden.

A Beide Hände sind in Handkantenstellung. Die rechte Hand wird etwas weiter ausgestreckt, um den gegnerischen Angriff abzublocken, die linke Hand befindet sich mit der Handfläche nach oben auf Brusthöhe.

B Schwingen Sie beide Hände seitlich nach oben hinter Ihre linke Schulter, bis sich die rechte Hand auf Höhe Ihres Ohres befindet, die Handfläche zeigt zum Gesicht. Führen Sie die linke Hand noch weiter nach hinten, die Handfläche ist nach außen gerichtet. Nun befinden Sie sich in der Ausgangsstellung.

C Schwingen Sie jetzt wie beim Außenblock den rechten Arm nach außen. Drehen Sie dabei die Hand so, dass die Handaußenkante die Schlagfläche bildet. Achten Sie darauf, dass der Ellbogen wie beim Außenblock gebeugt ist und der Daumen fest an die Handinnenfläche gedrückt wird, um Verletzungen zu vermeiden. Mit dieser Handhaltung wird die Schlagfläche zusätzlich gestärkt. Gleichzeitig mit der Schlagbewegung der vorderen Hand wird der linke Arm in Handkantenstellung vor die Brust geführt, die Handfläche zeigt nach oben. Mit dem Handkantenblock des rechten Arms kann ein Schlag abgewehrt werden, während die linke Hand einen Angriffsschlag oder weiteren Abwehrblock vorbereitet.

* Ein Angriffsschlag zur Körpermitte wurde mit einem linken Handkantenblock erfolgreich abgewehrt. Die rechte Hand befindet sich in Handkantenstellung auf Brusthöhe, um weitere Aktionen einzuleiten.

1
2
3
4
7
8
9
10
13
14
15
16

5

6

11

12

17

18

Das Formentraining (Hyong oder Poomse)

Unter den koreanischen Bezeichnungen *Hyong* oder *Poomse* versteht man das Formentraining. Jede Form besteht aus Angriffs- und Verteidigungsbewegungen, die sich aus koordinierten Stepp-, Stoß-, Schlag-, Tritt- und Blocktechniken zusammensetzen und in einer festgelegten Abfolge ausgeführt werden. Die World Taekwondo Federation (WTF) konzipierte ein System von Übungsformen, die sogenannten *Taeguk Poomse*. Wir zeigen Ihnen hier den Ablauf der **Taeguk-Form I *(Il Chang)* Hyong**:

1.-3. Verneigung in Achtungsstellung (geschlossene Fußstellung), linken Fuß in Ausgangsstellung setzen. Beide Hände vor den Bauch, dann nach oben auf Brusthöhe und wieder nach unten führen. Die Fäuste befinden sich unterhalb des Gürtels etwa faustbreit vom Körper entfernt.

4. Blick nach links, 90°-Drehung mit dem linken Fuß nach links, den linken Arm zum Tiefblock nach oben heben. Die rechte Hand schützt die Leistengegend.

5. Linke Vorwärtsstellung, Tiefblock mit links.

6. Rechten Fuß nach vorne in Schrittstellung bringen, rechter Vorwärtsstoß zur Körpermitte.

7. Blick nach hinten.

8. Rechten Fuß schräg nach hinten ziehen, Arme in Stellung bringen für rechten Tiefblock.

9. Drehung vollenden, Tiefblock mit rechts.

10. Linken Fuß in Vorwärtsstellung bringen, linker Vorwärtsstoß zur Körpermitte.

11. Blick nach links (vorne).

12. Einleitung eines Tiefblocks mit links, gleichzeitig Drehung auf dem rechten Fußballen nach links.

13. Linken Fuß in lange Vorwärtsstellung setzen, gleichzeitig Tiefblock mit links.

14. Gegenfauststoß mit rechts zur Körpermitte.

15. Drehung auf linkem Fußballen nach rechts und rechte Vorwärtsstellung einnehmen. Gleichzeitig mit links Rumpfblock nach innen bilden.

16. Linken Fuß in Vorwärtsstellung bringen, Gegenfauststoß mit rechts zur Körpermitte.

17. Blick nach hinten.

18. Linken Fuß schräg nach hinten ziehen, Arme in Stellung bringen für Rumpfblock.

19

20

21

22

25

26

27

28

31

32

33

34

19. Drehung auf dem rechten Fußballen nach links, linken Fuß in Vorwärtsstellung bringen, mit rechts Rumpfblock nach innen bilden.
20. Rechten Fuß in Vorwärtsstellung bringen, Gegenfauststoß mit links zur Körpermitte.
21. Drehung auf dem linken Fußballen nach rechts, rechten Fuß in lange Vorwärtsstellung setzen, Tiefblock mit rechts.
22. Gegenfauststoß mit links zur Körpermitte.
23. Kleine Drehung auf rechtem Fußballen nach links, linke Vorwärtsstellung einnehmen, gleichzeitig Gesichtsblock mit links.
24. Vorwärtstritt mit rechtem Bein.
25. Rechten Fuß in die Vorwärtsstellung fallen lassen, rechter Vorwärtsstoß zur Körpermitte.
26. Blick nach hinten.
27. Rechten Fuß schräg nach hinten ziehen, Arme in Stellung bringen für Gesichtsblock.
28. Drehung auf dem linken Fußballen in die rechte Vorwärtsstellung, Gesichtsblock mit rechts.
29. Vorwärtstritt mit linkem Bein.
30. Linken Fuß nach vorne in die Vorwärtsstellung fallen lassen, linker Vorwärtsstoß zur Körpermitte.
31. Blick nach rechts.
32. Linke Vorwärtsstellung (Drehung auf rechtem Fußballen, linken Fuß nach vorne setzen), Tiefblock mit links (siehe Pos. 13).
33. Rechten Fuß nach vorne in Vorwärtsstellung bringen. Kampfschrei Kihap ausstoßen, rechter Vorwärtsstoß zur Körpermitte (Pos. 25).
34. Blick zurück über die linke Schulter.
35. Drehung auf rechtem Fußballen gegen den Uhrzeigersinn in die ursprüngliche Ausgangsposition.
36. Beide Füße zusammenführen, Achtungsstellung einnehmen und abschließende Verneigung.

Kriterien für die Poomse-Bewertung

Beim Formenlauf stehen zwei Faktoren im Vordergrund: die körperliche und die geistige Leistungsfähigkeit des Schülers. Zu den Bewertungskriterien für die Bewegungsausführung zählen Ausdauer, Kraft, Schnelligkeit und Gleichgewicht. Der mentale Aspekt bezieht sich in erster Linie auf die innere Einstellung und geistige Reife.

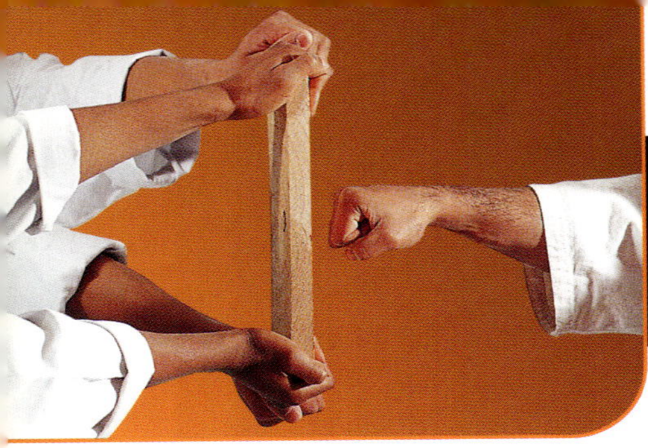

TRITTE UND BRUCHTESTS

Die Kampfkunst Taekwondo basiert in erster Linie auf Bein- und Fußtechniken. Ungeachtet der starren Regeln, die in den traditionellen Kampfkünsten vorherrschen, überarbeiteten und verfeinerten die Koreaner ihre unterschiedlichen Kicktechniken immer wieder, bis sie schließlich ein extrem leistungsfähiges und wirkungsvolles System entwickelt hatten.

Grundlegende Tritttechniken

Der Taekwondo-Anfänger muss erst die grundlegenden Bein- und Fußtechniken beherrschen, bevor er sich an die vielen spektakulären Sprung- und Drehtritte heranwagen kann. Die in diesem Kapitel aufgezeigten Bein- und Fußtechniken bilden das Fundament des Taekwondo und müssen so lange geübt werden, bis der Schüler jeden Tritt im Hinblick auf Schnelligkeit, Beweglichkeit und Durchschlagskraft perfekt meistert und mit den korrekten Fußstellungen bestens vertraut ist. Je nach Situation sind verschiedene Tritttechniken erforderlich, die sich durch Faktoren wie Schnappbewegung, Durchschlagskraft, Wucht oder Schnelligkeit unterscheiden.

Der Taekwondo-Anfänger übt zunächst aus dem Stand die Ausführung der wichtigsten Fuß- und Beintechniken in alle Richtungen. In dieser Phase erlernt er die unterschiedlichen Einsatzmöglichkeiten von Fußballen oder Fußrücken, korrekte Fußstellungen und die richtigen Bewegungsausführungen. Weitere Ausbildungspunkte sind die einzelnen Körperstellungen sowie Techniken der Gewichtsverlagerung. Knie- und Hüfteinsatz werden besonders trainiert, da Tritttechniken damit noch schneller, treffsicherer und kraftvoller ausgeführt werden können.

Sobald der Schüler die Grundlagen erlernt hat, werden die Techniken durch regelmäßiges Training gefestigt. Erst jetzt kann der Lehrer einen Schritt weiter gehen und dem Schüler beibringen, Tritttechniken auch in der Vorwärts-, Rückwärts- oder Seitwärtsbewegung, im Sprung oder während der Flugphase auszuführen. Wenn all diese Techniken sitzen, erlernen die Schüler die Anwendung in konkreten Kampfsituationen.. So erkennen sie, welchen Zweck jeder einzelne Tritt erfüllt und wie er am wirksamsten eingesetzt werden kann.

Es gibt eine ganze Reihe an Übungen und Geräten, die das Training von Hand- und Fußtechniken unterstützen. Dazu zählen Sandsäcke, Schlagpolster, Pratzen oder ein spezielles Sprungtraining über Stangen.

Das Training der Grundtechniken

Bevor der Anfänger kompliziertere Übungsprogramme absolviert, muss er zunächst die wichtigsten Grundtechniken erlernen und trainieren. Richtig ausgeführte Hüft- und Fußdrehungen sowie eine korrekte Fußstellung sind Voraussetzung für erfolgreiche Tritttechniken.

So bleibt beispielsweise ein Vorwärtstritt ohne exakte Aufwärtsbewegung des Knies wirkungslos und kann vom Gegner leicht abgewehrt werden. Ein Seitwärtstritt, der nicht aus der richtigen Ausgangsstellung erfolgt, kann ebenfalls abgeblockt werden. Ein nicht einwandfrei ausgeführter Halbkreistritt kann zum Verlust des Gleichgewichts führen, was dem Gegner die Gelegenheit zum Gegenangriff bietet.

Nur durch regelmäßiges Training der Bein- und Fußtechniken unter Anleitung Ihres Lehrers werden Sie die Tritttechniken perfektionieren und vielleicht einmal einen Siegertitel im Formenlauf oder Wettkampf erringen.

Auch hier gilt die Devise: Ohne Fleiß kein Preis. Lassen Sie sich daher nicht entmutigen. Durch kontinuierliches Üben wird man schließlich für all die Mühen belohnt. In jedem Fall sollte Ihr Taekwondo-Lehrer über eine fundierte Ausbildung in traditioneller koreanischer Kampfkunst verfügen, denn nur mit dem spezifischen Fachwissen ist er in der Lage, seine Schüler zu erstklassigen Wettkämpfern auszubilden.

Rechte Seite: In dieser Wettkampfszene trifft der Angriffstritt von Rot auf einen Drehsprungtritt des Gegners.

078

⇩ Der Vorwärtstritt (Schnappbewegung)

Der Vorwärtsschnapptritt gilt als eine der wichtigsten Taekwondo-Techniken. Er gehört denn auch zu den ersten Fußtechniken, die der Anfänger einstudiert, gerät aber meist schnell wieder in Vergessenheit, da ein nicht fehlerfrei ausgeführter Bewegungsablauf für den Ausübenden sehr schmerzhaft sein kann. Dennoch sollte man diesen Tritt immer wieder trainieren, da er bei korrekter Ausführung eine wirkungsvolle Angriffstechnik darstellt.

Meist besteht die Schwierigkeit für Anfänger darin, dass sie die Bewegung nach oben statt nach innen ausführen. So trifft der Fußrücken direkt auf den gegnerischen Ellbogen. Diese schmerzhafte Erfahrung hält den Kämpfer meist davon ab, die Technik nochmals anzuwenden. Um einen wirkungsvollen und schmerzfreien Vorwärtsschnapptritt zu erzielen, muss das Knie entsprechend weit hochgezogen werden.

A Gehen Sie in die Tigerstellung, indem Sie das Körpergewicht auf das hintere Bein verlagern und das vordere Bein entlasten.

B Führen Sie nun das linke Bein nach oben, bis sich das Knie oberhalb des Gürtels befindet. Lassen Sie nun das Bein blitzschnell nach vorne schnellen, wobei die Bewegung wie bei einer Stoßbewegung nach innen gerichtet ist. So trifft der Tritt unterhalb der gegnerischen Deckung direkt auf den ungeschützten Rumpfbereich.

C Ziehen Sie nun den Unterschenkel kraftvoll nach oben.

* Achten Sie darauf, beim Vorwärtstritt die Zehen nach hinten zu ziehen, sodass der Fußballen die Auftrefffläche bildet und Sie mit einem kraftvollen Tritt direkt ins Ziel stoßen.

⇧ Der Vorwärtstritt (Stoßbewegung)

Beim geradlinig gestoßener Vorwärtstritt wird das Knie wie beim Vorwärtsschnapptritt weit nach oben gezogen. Sobald jedoch das Knie diese Ausgangsposition erreicht hat, stoßen Sie den Fuß wie einen Speer nach innen zum Ziel. Die Wucht dieser Trittechnik entsteht durch einen starken Hüftschub. Indem Sie den Oberkörper leicht zurücklehnen, wird der Fußballen mit einer schneidenden Vorwärtsbewegung nach vorne gestoßen.

A Der gestoßene Vorwärtstritt wird mit dem hinteren Bein ausgeführt.

B Ziehen Sie das rechte Knie bis über Gürtelhöhe, um sicherzustellen, dass der Tritt unterhalb des gegnerischen Abwehrblocks auftrifft.

C Stoßen Sie nun den Fuß wie einen Speer nach vorne, wobei der Oberkörper leicht zurückgelehnt ist und die Hüfte gedreht wird.

* Ein gestoßener Vorwärtstritt kann dem Gegner den Atem nehmen und sogar zu Rippenbrüchen führen.

⇧ Der Halbkreistritt (mit dem hinteren Bein)

Diese Fußtechnik hat mehrere Bezeichnungen, ist aber im allgemeinen als Halbkreistritt bekannt, da der tretende Fuß eine halbkreisförmige Aufwärtsbewegung beschreibt. Der Halbkreistritt mit dem hinteren Bein ist in seiner explosiven Wirkung vergleichbar mit dem hakenförmigen Fauststoß. Es ist sehr schwierig, dieser kraftvollen, schnellen Technik auszuweichen, wenn sie korrekt ausgeführt wird.

A Heben Sie zunächst das hintere Bein (hier das rechte) und ziehen Sie die Ferse bis zum Gesäß.

B Drehen Sie sich nun direkt zum Gegner, wobei die rechte Schulter und das rechte Knie zur Zielfläche zeigen.

C Stoßen Sie nun den angezogenen Unterschenkel aus dem Kniegelenk mit einer Schnappbewegung nach vorne zum Ziel. Der Bewegungsablauf sollte weich und fließend sein.

* Der Halbkreistritt kann mit zwei unterschiedlichen Fußhaltungen ausgeführt werden. Bildet der Fußballen die Schlagfläche, erzielt der Kämpfer mit diesem Tritt eine stoßähnliche Wirkung. Beim Auftreffen mit dem Fußrücken ist das Ergebnis ein harter, schmetternder Schlag. Die je nach Fußhaltung unterschiedliche Wirkungsweise ist für den Gegner in jedem Falle deutlich spürbar.

⇩ Der Halbkreistritt (mit dem vorderen Bein)

Der Halbkreistritt mit dem vorderen Bein besitzt zwar keine solche Durchschlagskraft wie sein Gegenstück, erreicht aber auf Grund der kurzen Distanz zum Ziel blitzschnell den Auftreffpunkt.

A Verlagern Sie Ihr gesamtes Körpergewicht auf das hintere Bein und schieben Sie Ihre Hüftknochen zurück, um den Oberkörper abknicken zu können. So kann der Halbkreistritt mit dem vorderen Bein auch in unmittelbarer Nähe zum Gegner durchgeführt werden.

B Das Knie des vorderen Beines wird leicht angehoben, ähnlich wie in der Ausgangsstellung zum Vorwärtstritt. Führen Sie nun eine leichte Hüftdrehung durch, und schwingen Sie den Fuß in einer kreisförmigen, fast horizontalen Bewegung in Richtung Ziel.

C Wie beim Halbkreistritt mit dem hinteren Bein bilden entweder Fußrücken oder Fußballen die Schlagfläche.

* Aus einer angemessenen Entfernung zum Gegner (unter Einhaltung des Sicherheitsabstandes, siehe S. 36) gleicht diese Technik einer kurzen Geraden im Boxsport und ist besonders bei geringer Distanz zum Ziel sehr wirkungsvoll.

Durch die Hüftdrehung des tretenden Beines wird die gegenüberliegende Hüfte nach unten gezogen. Aus einer relativ geringen Entfernung zum Gegner kann diese Technik nur mit absolut korrektem Hüfteinsatz und einem Aufwärtstritt gelingen. Der Halbkreistritt aus einer kurzen Distanz ist auf Grund dieser Aufwärtsbewegung zwar relativ schwierig, aber durchführbar.

⇧ Tritt mit der Fußinnenkante

Es gibt zwei Varianten dieser Technik, die auch Innensichelschlag genannt wird. Bei beiden Bewegungsabläufen wird der Fuß nach außen und oben bis über Ellbogen und Schulter des Gegners geschwungen.

A Diese Tritttechnik eignet sich nicht bei kurzen Entfernungen zum Gegner, da die Bewegungsfreiheit durch die Nähe zum Ziel stark eingeschränkt ist. Beugen Sie das Knie des Standbeines (links) leicht und heben Sie den Fuß an, um die Technik einzuleiten.

B + C Stoßen Sie den Fuß in einer kreisförmigen Aufwärtsbewegung über Ellbogen und Schulter hinweg zum Kopf des Gegners.

* Ziel ist es, den Gegner mit der Fußinnenkante oder der Fußsohle – zwei sehr effektiven Schlagflächen – im Kopfbereich zu treffen. Kurz vor dem Auftreffmoment wird der Fuß mit einer Schnappbewegung direkt zum Ziel gestoßen.

⇩ Tritt mit der Fußaußenkante

Dieser Halbkreistritt von innen nach außen, auch Außensichelschlag genannt, wird mit dem hinteren Bein ausgeführt und ist die seitenverkehrte Variante des Trittes mit der Fußinnenkante.

A Der Fuß steht in der Ausgangsposition leicht nach links versetzt.

B + C Zunächst wird der linke Fuß nach rechts geführt, dann in einem Bogen rasch nach oben geschwungen und auf der linken Seite hinuntergezogen, um ins Ziel zu treffen. Der Tritt mit der Fußaußenkante wird besonders erfolgreich bei kurzer Entfernung zum Gegner eingesetzt.

* Hier startet der Gegner in der Endphase Ihres Halbkreistrittes, nachdem er von Ihnen zurückgedrängt wurde, von der Seite erneut einen Angriff zum Rumpf. Der Vorteil dieser Beintechnik liegt darin, dass Sie Ihren Tritt selbst bei einem solchen Gegenangriff noch ins Ziel lenken können.

⇩ Der Seitwärtstritt

Der Seitwärtstritt zählt zu den grundlegenden Taekwondo-Techniken und sollte perfekt beherrscht werden, da er sowohl für Angriffs- als auch für Verteidigungsaktionen hervorragend geeignet ist. Obwohl die Technik zunächst sehr einfach erscheint, wird sie sehr oft falsch ausgeführt.

Es gibt je nach Situation unterschiedliche Varianten des Seitwärtstrittes. In der Grundschule erlernt der Schüler die Ausführung mit dem vorderen und die mit dem hinteren Bein. Der Seitwärtstritt mit dem vorderen Bein erfolgt aus dem Stand. Die Technik mit dem hinteren Bein hingegen wird mit einer Drehung eingeleitet, bei der das hintere Bein nach vorne gebracht und kraftvoll zum Ziel gestoßen wird.

Beide Beintechniken beginnen mit einer leichten Drehung auf dem Standbein, während das Schlagbein bis auf Kniehöhe angehoben wird. Gleichzeitig wird das Knie des Standbeines etwas gebeugt. Der Unterschenkel des Schlagbeines wird nun in seiner angewinkelten Position parallel zum Boden gedreht. Durch die Kniebeugung des Standbeines werden die Hüften nach oben gedreht, um die schnelle Vorstoßbewegung des Schlagbeines zu unterstützen.

A Beugen Sie das Knie des Standbeines (hier das linke), der Unterschenkel des Schlagbeines wird angewinkelt und parallel zum Boden geführt. Der Hüfteinsatz unterstützt die Vorwärtsbewegung des rechten Beines, wobei das Körpergewicht nach hinten verlagert wird.

* Der Seitwärtstritt ist sowohl für Angriffs- als auch für Verteidigungsaktionen unerlässlich. Mit einem kurzen Gleitschritt nach hinten ist diese Technik jederzeit einsetzbar. Trefffläche ist die Außenkante des Fußes.

Tipp: Mit einer korrekten Fußhaltung wird aus Ihrer Fußaußenkante eine richtige »Angriffswaffe«. Der Fuß sollte beim Auftreffen nach unten gedreht sein.

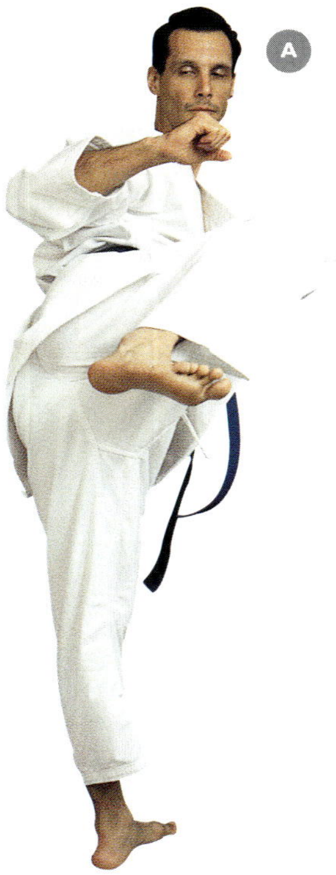

Häufige Fehler bei Seitwärtstritten

Sobald Sie die Grundtechnik des Seitwärtstrittes verinnerlicht haben, können Sie ihn auch mit Vorwärts- und Rückwärtsbewegungen, Sprüngen oder sogar mit Drehsprungtechniken kombinieren. Bevor man sich jedoch an fortgeschrittenere Varianten heranwagt, sollte zunächst die vollkommene Beherrschung der Grundtechniken oberstes Ziel sein.

A Statt Knie und Fuß weit genug nach oben zu führen, wird hier nur das Knie gehoben und der Unterschenkel hängt locker nach unten. So erfolgt die Trittbewegung aufwärts und nach innen statt direkt nach innen.

B Der Ausführende lehnt sich zu weit nach hinten und zur Seite, sodass er Gefahr läuft, sein Gleichgewicht zu verlieren. Da das Knie sich nicht exakt vor der Körpermitte befindet, wird der Tritt sein Ziel verfehlen.

Mit einem korrekt ausgeführten Seitwärtstritt können Sie Ihren Gegner in die Defensive drängen. Achten Sie jedoch darauf, dass manche Gegner auf Ihren Angriffstritt sofort mit einem Gegenangriff reagieren. Um diesem vorzubeugen, müssen Sie lernen, den Seitwärtstritt mit schnellen Nachfolgetritten zu kombinieren. Dazu setzen Sie den Fußballen kurz auf, um das Gleichgewicht wieder zu erlangen und neuen Schwung zu bekommen, und stoßen dann nochmals kraftvoll nach oben. Der Unterschenkel sollte immer parallel zum Boden ausgerichtet sein, um den Fuß jederzeit wieder vorschnellen lassen zu können.

Hauptzielflächen sind Nacken, Rumpfseite, Bauch, Rippen und Kniegelenke. Wie bei den meisten Beintechniken sollte man den Gegner während des Angriffs immer im Auge behalten. Lehnen Sie den Oberkörper nicht zu weit nach hinten, da Sie sonst leicht das Gleichgewicht verlieren und die Schlagkraft der Technik verringert wird. Gleichzeitig sollten die Hände nicht locker herunterhängen, sondern eine kontrollierte Abwehrhaltung einnehmen.

⇦ Der Rückwärtsdrehtritt

Der Schüler erlernt die Grundtechnik des Rückwärtstrittes aus der Grundkampfstellung. Um diese einzunehmen, werden in diesem Beispiel das linke Bein und die linke Schulter nach vorne gebracht.

A Sie stehen in der Grundstellung.

B Drehen Sie Ihren Körper auf dem vorderen Fußballen und der hinteren Ferse nach hinten, sodass die Füße wieder schulterbreit auseinander stehen. Drehen Sie gleichzeitig den Kopf, und richten Sie den Blick über die rechte Schulter zum Ziel. Ziehen Sie nun die rechte Ferse (jetzt das vordere Bein) so weit nach oben, bis der Unterschenkel parallel zum Boden ausgerichtet ist und die Ferse zum Ziel zeigt.

C Stoßen Sie mit einer schnellen Rückwärtsdrehung das rechte Schlagbein nach vorne, bis das Knie durchgestreckt ist. Arretieren Sie das Fußgelenk, und drehen Sie die Fußzehen möglichst weit zurück. Fußkante oder Fußferse bilden die Schlagfläche.

Aus der normalen Grundkampfstellung würde die Trittbewegung direkt auf den gegnerischen Handabwehrblock treffen. Eine schnelle Drehung in Verbindung mit einem Rückwärtstritt ermöglicht das Treffen einer weniger gut gedeckten Zielfläche.

Das durch die schnelle Drehung erzielte Drehmoment bewirkt die enorme Wucht dieser Beintechnik. Sie kann wie die meisten Taekwondo-Tritte auch in Verbindung mit einer vorwärts oder rückwärts gerichteten Stepp- oder Sprungbewegung durchgeführt werden.

⇧ Der doppelte Sprungtritt

Diese Beintechnik kann sowohl im Stand als auch im Vorwärts- oder Rückwärtssprung ausgeführt werden. Die vielseitigste Variante ist der doppelte Vorwärtstritt im Flug, bei dem beide Füße in der Luft sind. Dieser Sprungtritt eignet sich besonders zur Distanzüberbrückung, wenn man zu weit vom Gegner entfernt steht. Nach dem ersten Fußtritt wird sofort ein Nachfolgetritt angeschlossen. Es gibt zwei Varianten: den Vorwärtsschnapptritt oder den gestoßenen Vorwärtstritt. Leiten Sie zunächst als vorgetäuschte Taktik eine schnelle Vorwärtsbewegung in Richtung Gegner ein. Lassen Sie jetzt den Unterschenkel des Schlagbeines mit einer Schnappbewegung nach vorne schnellen, was den Gegner dazu veranlasst, sich mit einem Steppschritt in Sicherheit zu bringen. Im zweiten Abschnitt dieser Technik wird nun das hintere Bein noch während der Sprungphase zum Ziel gestoßen. Mit diesem zweiten Tritt (auch als Folgetritt bezeichnet) wird das Angriffsfeld bis in die Sicherheitszone des Gegners ausgeweitet, der nun dem Angriff nicht mehr ausweichen kann.

A + B Heben Sie aus der Grundkampfstellung Ihr linkes Bein, als ob Sie zur Distanzüberbrückung einen Sprung in Richtung Gegner planen. Dieser wird dadurch gezwungen, sich mit einem Rückzugsmanöver in Sicherheit zu bringen.

C Führen Sie mit rechts den ersten Sprungtritt aus.

D Setzen Sie direkt zum zweiten Sprungtritt an (hier ein Folgetritt mit links), der ebenfalls in der Flugphase vollendet wird. Das Bein wird mit voller Wucht in die gegnerische Zielfläche gestoßen, wobei die Durchschlagskraft durch die beschleunigte Körpermasse noch verstärkt wird.

⇧ **Bruchtest mit Kleinfingerfaustschlag**

A In diesem Test liegt ein Holzbrett (je nach Leistungsgrad des Schülers können auch zwei verwendet werden) auf zwei Zementblöcken auf. Stellen Sie sich so, dass die Schulter des Schlagarmes direkt über dem Bruchtestmaterial positioniert ist.

Tipp: Finden Sie die richtige Ausgangsstellung, indem Sie die exakte Position der Faust auf dem Brett fixieren, bevor Sie den Schlag ausführen.

B Setzen Sie Ihren linken Fuß direkt hinter den linken Zementblock, das Knie ist leicht gebeugt. Ziehen Sie den rechten Fuß nach hinten, und halten Sie das Bein durchgestreckt. Ballen Sie die rechte Hand zu einer festen Faust, der Daumen wird fest angedrückt, um Verletzungen zu vermeiden. Führen Sie die Faust in einer Aufwärtsbewegung so weit wie möglich nach hinten, und drehen Sie dabei die Hüften nach links. Die linke Faust (die nicht den Schlag ausführt) wird bis zur rechten Schulter geführt, wobei der Blick fest auf das Ziel gerichtet ist.

C Gleichzeitig mit dem Ausstoßen des Kampschreies Kihap saust die rechte Faust in einem kraftvollen Schlag Richtung Boden. Sie sollten sich dabei nicht direkt auf das Brett als Zielfläche konzentrieren.

Tipp: Die Schlagbewegung sollte durch die Beschleunigung Ihrer Körpermasse unterstützt werden. Beugen Sie das linke Knie, während die Faust mit der Handaußenkante als Schlagfläche nach unten saust.

⇩ Der Handkantenschlag abwärts

Die Ausgangsstellung für diese Bruchtechnik ist die gleiche wie beim Bruchtest mit dem Kleinfingerfaustschlag. Allerdings wird die nach oben geführte Schlaghand nicht zur Faust geballt, sondern bleibt in der Handkantenstellung.

Während der Arm nach oben schwingt, wird die Schlaghand gedreht. Der Daumen sollte möglichst fest an die Handinnenfläche gedrückt werden, um die Bewegung korrekt auszuführen und Verletzungen zu vermeiden.

A Heben Sie die rechte Hand mit gestrecktem Arm nach oben. Schlagfläche ist die Handaußenkante, der Daumen wird fest an die Handfläche gedrückt.

B Drehen Sie nun das Handgelenk nach hinten, um sicherzustellen, dass die Hand mit der korrekten Schlagfläche auftrifft.

C Beugen Sie das linke Knie und stoßen Sie gleichzeitig mit der Schlagbewegung den Kampfschrei Kihap aus. Indem Sie die Schlagbewegung der Hand mit Ihrer Körpermasse unterstützen, wird die Durchschlagskraft verstärkt. Führen Sie den Schlag schnell und entschlossen aus. Schlagfläche ist die Muskelpartie der Hand.

Tipp: Beim Handkantenschlag nach unten wird nicht mit der gesamten Handaußenkante getroffen. Fahren Sie entlang der Handkante vom Ansatz des kleinen Fingers bis zum Handgelenkknochen. Der in diesem Bereich befindliche Muskel bildet die eigentliche Schlagfläche.

⇩ Der Seitwärtstritt beim Bruchtest

Bei diesem Bruchtest sollten sowohl Ihre Augen als auch Ihr Geist fest auf das Brett gerichtet sein. Setzen Sie Ihren Fuß aus der Grundkampfstellung (siehe S. 34) einen Schritt nach vorne, um einen Seitwärtstritt (siehe S. 68) einzuleiten. Dabei sollte die Ferse des Schlagbeines direkt zum Brett zeigen. Schieben Sie die Hüften in Zielrichtung und führen Sie den Tritt mit einer geschmeidigen und zugleich kraftvollen Bewegung aus, die durch den Vorwärtsschwung des Körpers verstärkt wird.

Das Bild zeigt den unverändert stabilen Stand des Materialhalters nach dem Bruchtest. Nur der Kopf wurde zur Seite gedreht, um das Gesicht zu schützen. Die ursprüngliche Position des Brettes (X) veranschaulicht die Durchschlagskraft dieser Technik.

Wichtig: Anfänger sollten auf keinen Fall ohne entsprechendes Training unter Leitung eines Meisters Bruchtechniken ausprobieren. Fehlerhaft ausgeführte Bruchtests können ernsthafte und langwierige Verletzungen an Händen und Füßen hervorrufen und sind nicht nur für den Ausführenden gefährlich, sondern auch für eventuelle Helfer.

SPORT UND SELBSTVERTEIDIGUNG

Die Entwicklung des Taekwondo zum Wettkampfsport ist ein bemerkenswertes Phänomen. Zwar wird der Freikampf in vielen Studios als fester Bestandteil des Trainingsprogramms unterrichtet. Der Sparringkampf mit Fremden außerhalb der Schulen gilt jedoch im asiatischen Kulturkreis, dem die meisten Kampfkünste entstammen, als absolutes Tabu.

In der Vergangenheit gab es bei Wettkampfveranstaltungen nur selten Teilnehmer aus dem asiatischen Raum, mit Ausnahme einiger bekannter Kampfkunstmeister, die aus finanziellen Gründen die Herausforderung des Wettkampfes angenommen hatten. Früher veranstalteten fernöstliche Schulen jährlich stattfindende Meisterschaften in ihren eigenen Stilrichtungen, um den amtierenden Sieger zu bestimmen. Heute besteht der Zweck dieser Meisterschaften darin, hohe Preisgelder und Ruhm zu erzielen oder den Bekanntheitsgrad einzelner Schulen zu steigern. Zahlreiche Kampfkunstschulen nehmen nicht nur an solchen Turnierveranstaltungen teil, sondern richten diese Wettkämpfe sogar selbst aus.

Verschiedene Wettkampfsysteme

Die Wettkampfsportart Taekwondo lässt sich in zwei sehr unterschiedliche Bereiche unterteilen: den Punktekampf, der ursprünglich mit bloßen Händen und gewissen Einschränkungen ausgetragen wurde, sowie den olympischen Vollkontaktkampf mit vorgeschriebener Schutzausrüstung nach den Regeln der World Taekwondo Federation.

Zwischen 1960 und 1970 verließen viele Taekwondo-Lehrer und Großmeister ihre Heimat Korea, um sich im Ausland eine neue Existenz aufzubauen. Da die von ihnen praktizierte Form des Taekwondo vor noch nicht sehr langer Zeit aus dem japanischen Karate entstanden war, basierten die ersten Wettkampfveranstaltungen auf einem Punktekampfsystem, vergleichbar mit dem des Karate.

Während ihrer Reisen ließen sich immer mehr Meister in größeren Städten nieder, um dort eigene Taekwondo-Schulen zu gründen. In dem Maße, wie das Ansehen der Meister und die Bedeutung der Kampfkünste wuchs, entwickelte sich auch der Ehrgeiz ihrer Schüler, die neu erworbenen Fähigkeiten unter Beweis zu stellen.

Die ersten Turnierveranstaltungen

Die Meister folgten dem Wunsch der Schüler und organisierten Turnierveranstaltungen auf lokaler Ebene. Zu diesem Zweck wurden zunächst Taekwondo-Schulen oder *Kwans* derselben Stilrichtung aus der näheren Umgebung zu Wettkämpfen eingeladen. Im Laufe der Zeit gewannen diese Vergleichsturniere an Beliebtheit, und die Einzugsgebiete wurden immer größer. Allmählich festigte sich die Zusammenarbeit der Schulen und Meister, bis schließlich eine regelrechte Wettkampfliga entwickelt wurde.

Die angeschlossenen Schulen wurden regelmäßig zu Turnierveranstaltungen an wechselnden Austragungsorten eingeladen, jeder Meister hatte die Gelegenheit, seine eigene Wettkampfveranstaltung auszurichten. Nachdem die Wettkämpfe immer größeren Zulauf erhielten, gingen aus den Turnieren besonders talentierte Kämpfer hervor, die zum Sieger oder Champion ernannt wurden. Diese wiederum traten dann in anderen Austragungsbezirken gegen neue Gegner an. So entstanden immer bedeutendere Wettkampfveranstaltungen, die schließlich zur Einführung nationaler Meisterschaften führten.

Je mehr das Interesse an Taekwondo-Wettkämpfen wuchs, desto mehr änderte sich auch das Bild des Wettkämpfers. Versicherungsunternehmen verlangten zunehmend auch für Wettkämpfe, die nicht mit Vollkontakt ausgetragen wurden, das Tragen gepolsterter Schutzausrüstung. Die Vorschriften bestehen nach wie vor, auch wenn die Praxis gezeigt hat, dass das Tragen von Schutzpolstern nicht zwangsläufig das Verletzungsrisiko senkt, zumal es die Kämpfer in der Kontrolle ihrer Bewegungen behindert.

Rechte Seite: Mut und Schnelligkeit sind Voraussetzung für erfolgreiche Selbstverteidigungsaktionen.

KOREA

Der Wettkampfablauf

Ein Anfänger sollte wissen, was ihn in einem Taekwondo-Wettkampf erwartet, da die ersten Erfahrungen im Kampf gegen andere Schüler ziemlich entmutigend sein können.

Die meisten Vereinswettkämpfe finden in Sporthallen statt, in denen gewöhnlich acht Wettkampfflächen aufgebaut sind. Die Kampffläche misst zirka 6 x 6 m, kann aber auch etwas kleiner ausfallen. Sie ist mit zwei Markierungslinien oder Startpunkten versehen.

Auch wenn von den Wettkämpfern absolute Pünktlichkeit erwartet wird, beginnen die Turniere nur selten zur vorgesehenen Zeit. In der Regel wird die Veranstaltung mit einigen einleitenden Worten eröffnet, mit denen die Meister vorgestellt und die Wettkampfregeln erläutert werden. Begonnen wird mit dem Formenlauf der Anwärter auf den schwarzen Gürtel, da diese im Anschluss daran als Kampfleiter oder Punktrichter eingesetzt werden.

Dann werden die Mitglieder des Kampfgerichts und die Einsatzpositionen der Schwarzgurtträger als Kampfleiter oder Punktrichter über Lautsprecher bekannt gegeben. Anschließend wird der Programmablauf für alle Wettkampfteilnehmer angekündigt, die je nach *Kup*- oder Gürtelklasse in unterschiedliche Wettbewerbsklassen eingeteilt sind.

In allen Wettbewerbsklassen beginnt der Wettkampf mit der Austragung des Formenlaufs. Nach Vorlage ihrer Anmeldeunterlagen beim zuständigen Kampfleiter warten die Wettkämpfer gemeinsam mit den anderen Teilnehmern auf ihren Einsatz. Vier Punktrichter befinden sich jeweils an den vier Ecken der Kampffläche. Der fünfte Punktrichter übernimmt die Aufgabe des Kampfleiters und nimmt eine zentrale Position ein.

Der Punktezähler kündigt die Reihenfolge aller Kampfteilnehmer an und ruft sodann die Wettkämpfer für die bevorstehende Runde auf. Diese wenden sich den Punktrichtern zu und verbeugen sich. Bei einigen Turnieren müssen die Athleten ihren Namen, ihre Schule und die jeweilige Form angeben. Nach der Verbeugung beginnt der Wettkämpfer mit dem Formenlauf. Sobald der Punktezähler mit dem Addieren der Trefferpunkte beginnt, wendet sich der Kämpfer ab, verbeugt sich abschließend nochmals und verlässt die Kampffläche.

Der Kampfleiter beendet den Wettkampf mit dem Kommando Guman (Wettkampfende), indem er die rechte Hand in Handkantenstellung vor seine Brust führt.

Nach Beendigung des Formenlaufs in der Erwachsenenklasse addiert der Punktezähler sorgfältig alle Wertungen der fünf Punktrichter. In der Regel werden die höchste und niedrigste Bewertung nicht berücksichtigt, um Begünstigungen oder Benachteiligungen auszuschließen. Die drei gültigen Punktewertungen werden zusammengezählt. Sobald die ersten drei Sieger feststehen, werden diese aufgefordert, vorzutreten und ihre Pokale oder Auszeichnungen entgegenzunehmen.

Der Kampfgeist

Nach dem Formenlauf folgt der sportliche Wettkampf, der in den einzelnen Wettbewerbsklassen meist auf derselben Kampffläche wie der Formenlauf ausgetragen wird.

Nach Einreichen aller Teilnahmeunterlagen werden die Wettkämpfer den entsprechenden Klassen zugeteilt. Ist ein Turnier in verschiedene Gewichtsklassen (Schwer-, Mittel- und Leichtgewicht) unterteilt, wird für jede Klasse ein eigener Wettkampf ausgerichtet. Die einzelnen Klassensieger treten wiederum gegeneinander an m Kampf um den Meistertitel.

Sobald alle Teilnehmer in Zweiergruppen eingeteilt sind, werden sie in eine spezielle Liste eingetragen, auf der alle Turnierrunden verzeichnet sind und nach deren Reihenfolge die Athleten zum Kampf antreten. Bei Aufruf eines Wettkampfpaares treten die Kämpfer vor. An jeder Ecke der Kampffläche befindet sich ein Punktrichter mit einer roten und einer blauen Fahne, der Kampfleiter ist in der Mitte positioniert. Der Kampfleiter fordert nun die Wettkämpfer auf, sich zu verbeugen und auf das Kommando *Junbi* (Fertig!, Vorbereitung!) die Grundkampfstellung einzunehmen. Der Kampfleiter kontrolliert außerdem den Wettkampfablauf und ist Mitglied des Kampfgerichts, das für die Punktewertung zuständig ist. Auf das Kommando »Kampfbeginn!« gibt der Kampfleiter den Kampf frei. Ziel der beiden Wettkämpfer ist es, möglichst viele Trefferpunkte zu erlangen.

Die Kampfzeit beträgt in allen Klassen drei Minuten pro Runde. Der Wettkämpfer mit den meisten Punkten geht als Sieger hervor und rückt auf der Wettkampfliste einen Platz nach oben, während der Verlierer ausscheidet. Bei Mannschaftswettbewerben hingegen erhält der Verlierer die Gelegenheit, nochmals anzutreten.

Yoriko Okamoto aus Japan bei den Olympischen Spielen 2000.

Die Wettebewerbsregeln

Die Wettkampfregeln sind sehr streng ausgelegt, um die Sicherheit aller Anwesenden zu gewährleisten und die Disziplin der Wettkampteilnehmer zu stärken. Es ist nicht gestattet, das Wort an Mitglieder des Kampfgerichts zu richten oder ihre Entscheidungen in Frage zu stellen. Die Wettkämpfer haben zwar das Recht, Protest gegen Wertungen der Punktrichter zu erheben, dürfen diesen jedoch nicht persönlich vorbringen. Ein solcher Einspruch kann lediglich vom jeweiligen Trainer formuliert werden.

Bei Kämpfen in den unteren Wettbewerbsklassen sind Schläge gegen das Gesicht oder Tritte unterhalb der Gürtellinie untersagt. Fauststöße (Schläge mit dem Faustrücken) und blinde Angriffstechniken (Drehschläge, bei denen der Angreifer seinen Blick nicht zuerst auf das Ziel richtet) sind nicht erlaubt.

Techniken mit der gestreckten Hand oder Angriffe auf den am Boden liegenden Gegner sind ebenfalls verboten. Sobald der Kampfleiter oder einer der Punktrichter einen erzielten Treffer bemerkt hat, wird der Kampf mit dem Ausruf »Punkt« unterbrochen. Der Kampfleiter fordert alle Punktrichter auf, eine Bestätigung dieser Entscheidung anzuzeigen. Dies erfolgt absolut zeitgleich, um eine gegenseitige Beeinflussung auszuschließen.

Ein Kampf der Titanen bei der Olympiade 2000: Mohamed Alfararjeh (rechts) aus Jordanien gegen Faissal Ebnoutalib (links) aus Deutschland.

Erzielte Punkte werden von den Punktrichtern durch unterschiedliche Schwenkbewegungen ihrer roten oder blauen Fahne angezeigt. Sobald der Wettkämpfer mit der roten Kampfweste einen Treffer landet, schwenkt der Punktrichter die rote Fahne. Kann ein Punktrichter einen angeblich erzielten Punkt nicht bestätigen, hält er die Fahne waagerecht vor seine Augen, um anzudeuten, dass er den Treffer nicht gesehen hat. Wenn er mit einer Wertung nicht einverstanden ist, hält er die Flagge nach unten und schwingt sie vor und zurück.

Die Punktvergabe erfolgt durch Mehrheitsentscheidung. Nach drei Minuten beendet der Zeitnehmer die Kampfrunde. Die Punktwertungen werden addiert, und der Sieger rückt auf der Wettkampfliste weiter nach oben. Meist wird der Wettkampf mit einem »Endrunden-System« abgeschlossen. In den letzten Wettkampfrunden treten vier Wettkämpfer (zwei Gruppen) gegeneinander an. Die beiden Sieger ziehen in die Endrunde ein, und die zwei Verlierer kämpfen um den dritten Platz.

Nach dem Finale werden die Sieger verkündet, und die Wettkämpfer kehren entweder mit einem Pokal nach Hause oder mit dem Wunsch, das nächste Mal erfolgreicher zu sein.

Taekwondo als Olympische Sportart

Nur Träger des schwarzen Gürtels dürfen zu Olympischen Taekwondo-Wettkämpfen antreten. Beim Olympischen Taekwondo tragen die Kämpfer eine umfangreiche Schutzausrüstung aus Brustweste, Kopfschutz, Hand- und Fußschützern.

Die vom Internationalen Olympischen Komitee (IOC) aufgestellten Wettkampfregeln wurden nach Vorlage der Regeln der World Taekwondo Federation (WTF) ausgearbeitet. Fauststöße zum Gesicht sind bei Olympia-Wettkämpfen laut IOC verboten.

Die Athleten dürfen jedoch alle Tritttechniken mit kraftvollen Schlägen zum Kopf kombinieren (wie z.B. K.-o.-Schlägen, die mit unkontrollierter Härte ausgeführt werden). Bei olympischen Wettkämpfen kommen alle Techniken mit voller Wucht zur Anwendung. Jede Technik, die den Gegner auf Grund ihrer Durchschlagskraft daran hindert zurückzuschlagen, wird als Trefferpunkt gewertet. Der Kampf kann auch durch K.o. entschieden werden.

Vier Punktrichter und ein Kampfleiter beaufsichtigen den Wettkampf. Sie ermitteln den endgültigen Sieger mit Hilfe von Score-Karten, auf denen sie die vergebenen Punkte vermerken.

Selbstverteidigung

Fast alle Aktivitäten in einem *Dojang* dienen dem Aufbau einer effektiven Selbstverteidigung, die auch als Hosinsul (»die Kunst, den Körper zu schützen«) bezeichnet wird. Formenlauf, Freikampf, Bruchtest sowie die gesamte Philosophie der Kampfkunst Taekwondo sind fester Bestandteil des Selbstverteidigungstrainings. Mit Hilfe spezieller Übungen werden die Schüler mit Stresssituationen konfrontiert und lernen, unter Druck die richtigen Entscheidungen zu treffen.

Das gesamte Konzept des Taekwondo basiert letztendlich auf dem realen Kampf. Das praxisorientierte Selbstverteidigungstraining bereitet den Schüler auf eine Kampfsituation mit einem Gegner vor, der eventuell an die 25 kg schwerer ist. Dieser Ansatz unterscheidet sich grundlegend vom Wettkampftraining. Gelehrt werden alle Taktiken, die es dem Schüler ermöglichen, einem feindlichen Angreifer zu entkommen, sich mit Wurf- und Hebeltechniken zur Wehr zu setzen oder sich aus Haltegriffen zu befreien. Ein weiteres Verteidigungsmittel ist der Angriff auf gegnerische Vitalpunkte, um dem Angreifer Schmerzen zuzufügen und ihn so zum Loslassen zu zwingen. Im *Dojang* werden diese Techniken, die meist auf das Kampfkunstsystem *Doosubang* koreanischer Polizeischulen zurückgehen, oft als *Hapkido* bezeichnet.

Die Trainingspartner müssen die Selbstverteidigungstechniken in einer sicheren Umgebung üben, da die Aktionen Angriffe auf Augen, Hals, Leistengegend und Gelenke beinhalten. Im Training erfahren die Schüler in verteilten Rollen als Angreifer oder Opfer, wie gefährlich diese Techniken sein können.

In kleineren Gruppen werden Selbstverteidigungstechniken mit festgelegten Bewegungsabläufen trainiert. Auch wenn diese Methode unrealistisch erscheint, bietet sie den Schülern die Gelegenheit, die Techniken bis zur Perfektion zu üben und ihre Wirksamkeit zu erkennen.

In Taekwondo-Schulen gibt es natürlich auch unterschiedliche Ansätze. In manchen Studios können Meister- oder Dan-Grade auch ohne größere Erfahrungen auf dem Gebiet der Selbstverteidigung erworben werden. In anderen Schulen müssen für jede neue Kup-Prüfung an die 20 neue Verteidigungskombinationen einstudiert werden. Bis zur Dan-Prüfung beherrschen diese Schüler dann über 200 höchst wirksame Selbstverteidigungstechniken, die in fast jeder Situation anwendbar sind.

Das Selbstverteidigungstraining beinhaltet adäquate Reaktionen auf verschiedene Angriffsformen wie die Umklammerung der Handgelenke, das Packen am Hals oder Gürtel, Messerangriffe oder Würgegriffe. Die Schüler erkennen, dass die meisten Verteidigungstechniken unabhängig von der Art der Bedrohung nur dann erfolgreich sind, wenn der Angreifer zum Lösen seines Haltegriffes gezwungen wird.

Es gibt eine solche Vielzahl an Verteidigungstechniken und Varianten, dass wir hier nur einige wenige vorstellen können. Die folgenden sechs Basisübungen bilden das Fundament des Selbstverteidigungstrainings und sind in der Regel Bestandteil jeder Taekwondo-Ausbildung.

Das Ziel des Selbstverteidigungstrainings besteht darin, sich in gefährlichen Situationen erfolgreich zur Wehr setzen zu können.

Die Notwendigkeit des regelmäßigen Übens

Inzwischen werden Selbstverteidigungskurse auch von Aerobic-Schulen und Fitnessstudios angeboten. Es ist jedoch fraglich, inwieweit diese Einrichtungen eine fundierte, professionelle Ausbildung bieten und welchen tatsächlichen Nutzen die Teilnehmer daraus ziehen können.

Das Selbstverteidigungstraining muss praxisorientiert und realitätsnah ausgerichtet sein, um instinktive Verteidigungsmechanismen entwickeln und diese im Ernstfall anwenden zu können. Es umfasst grundlegende Block- und Handtechniken, die so lange unermüdlich geübt werden müssen, bis sie automatisch abrufbar sind.

Die Trainingsübungen sollten unbedingt mit der nötigen Kraft und Entschlossenheit ausgeführt werden, damit beide Trainingspartner die Zweckmäßigkeit und Wirksamkeit der Techniken verstehen lernen.

In den meisten Selbstverteidigungs-Situationen kommt es zwangsläufig zum Körperkontakt zwischen Angreifer und Opfer, z.B. in Form von gegnerischen Attacken wie das Packen an den Haaren, die Umklammerung der Handgelenke oder Würgegriffe.

⇧ Umklammerung des Handgelenks

A Ein Angreifer hat ihr linkes Handgelenk umklammert.

B Ziehen Sie ihre Hand zur Schulter hoch, wobei Sie die Hand in Richtung Daumen des Angreifers drehen, um den gegnerischen Haltegriff zu lockern. Diese Bewegung sollte mit einem kräftigen Ruck erfolgen, ein langsames, beständiges Ziehen erzielt jedoch die gleiche Wirkung.

C Drehen Sie Ihren Arm mehrmals hin und her, um den Griff zu lösen. Die Drehbewegung ist immer in Richtung Daumen des Angreifers gerichtet.

D Sobald Sie die Umklammerung des Handgelenkes gelöst haben, führen Sie Ihre linke Hand weiter bis zum rechten Ohr. Aus dieser Position kann nun ein Gegenangriff gestartet werden.

E In diesem Fall erfolgt der Angriff mit einem Handkantenschlag zum Ohr des Angreifers. Gegebenenfalls kann ein weiterer Schlag oder Tritt angeschlossen werden.

Tipp: Lösen Sie sich zunächst aus der gegnerischen Umklammerung, bevor Sie sich mit Selbstverteidigungstechniken zur Wehr setzen.

Wichtig: Nutzen Sie in Selbstverteidigungssituationen immer Ihren Verstand. Handeln Sie stets verantwortungsbewusst und umsichtig. Gehen Sie Ärger, Konflikten oder Kampfsituationen aus dem Weg. Einige vernünftige Verhaltensregeln sind immer hilfreich: Begeben Sie sich niemals alleine in Gebiete, die Sie nicht kennen. Beim Autofahren sollten die Türen immer verschlossen sein. Vermeiden Sie dunkle Hauseingänge und unbeleuchtete Gassen, wenn Sie in unbekannten Gegenden unterwegs sind. Wenn Sie sich verfolgt fühlen, sollten Sie davonlaufen. Schreien Sie »Feuer«, da man so meist mehr Aufmerksamkeit erregt als mit einem Hilferuf. Suchen Sie nach einem gut beleuchteten Platz oder einem Geschäft. Falls sich Wohnhäuser in der Nähe befinden, hämmern Sie ruhig an Haustüren.

Sollte es keinen anderen Ausweg geben, stellen Sie sich Ihrem Angreifer mit Mut und Entschlossenheit entgegen. Geben Sie sich kampfesmutig und siegesbewusst.

⇩ Der Befreiungsdrehgriff

A Ein Angreifer hält Ihr rechtes Handgelenk umklammert.

B Umfassen Sie mit der linken Hand das Handgelenk des Angreifers und halten Sie es in dieser Position fest.

C Drehen Sie nun mit einer schnellen Bewegung Ihr rechtes Handgelenk nach links (die Handfläche zeigt zum Körper), bis sich Ihre Hand über dem gegnerischen Handgelenk befindet. Halten Sie während dieser Drehbewegung die Hand des Angreifers fest mit links umklammert. Drücken Sie nun die rechte Handaußenkante auf den Unterarmknochen des Gegners. Achten Sie darauf, dass seine Hand zunächst in Verlängerung seines Unterarmes liegt. Drücken Sie nun mit Hilfe Ihres Körpergewichts Ihre Handkante blitzschnell und mit voller Kraft nach unten.

D Die äußerst schmerzhafte Blockierung seines Handgelenks zwingt den Gegner in die Knie. In dieser wehrlosen Position können Sie mit einem Tritt in die Leistengegend oder einem Kniestoß zum Solarplexus oder zum Kopf kontern.

A

B

C

D

⇩ Der Schienbeintritt

Der Schienbeintritt ist eine einfache, aber schmerzhafte und wirksame Verteidigungstechnik, die den Angreifer so sehr schwächt, dass das Opfer Zeit zur Flucht gewinnt. Gegebenenfalls kann auch mit einem Ellbogenschlag gekontert werden.

A Sucht eine Person offensichtlich Streit, blicken Sie dem Widersacher ohne Furcht direkt in die Augen.

B Sobald der Angreifer mit beiden Händen nach Ihnen greift, schieben Sie Ihre Unterarme zwischen seine, um sie seitlich auseinander zu drücken und den Klammergriff zu lösen. Packen Sie ihn dabei fest an seinen Armen oder Jackenärmeln, und ziehen ihn zu sich heran.

C Versetzen Sie dem Schienbein des Angreifers mit der Innenseite Ihres Fußes oder Schuhes einen festen Tritt. Die Trittbewegung sollte nicht kreisförmig, sondern geradlinig und mit voller Wucht ausgeführt werden, um maximale Wirkung zu erzielen. Diese kann durch einen Hüfteinsatz zusätzlich gesteigert werden.

A

B

C

Gesetzliche Bestimmungen

Handlungen zur Selbstverteidigung können unangenehme Konsequenzen haben. Sobald Sie sich mit Schlag- oder Tritttechniken gegen eine Person zur Wehr setzen, kann unter Umständen Anklage gegen Sie erhoben werden. Dies gilt vor allem, wenn Sie besonders hart gegen Ihren Angreifer vorgegangen sind. Die Rechtsprechung variiert in diesem Fall von Land zu Land.

Sie sollten sich über die Auslegung des Begriffes Notwehr in Ihrem Land gut informieren, da ihre eigenen Vorstellungen unter Umständen nicht mit der rechtlichen Definition übereinstimmen. Es ist wichtig, zu wissen, wann und mit welchen Mitteln Notwehrhandlungen zulässig sind – welche Arten der Selbstverteidigung erlaubt sind, und welche nicht.

In den USA beispielsweise gilt die Regelung, dass Techniken zur Selbstverteidigung, die den Tod des Angreifers hervorrufen können, nur dann zulässig sind, wenn das Opfer in Todesangst handelt oder sich in großer körperlicher Gefahr befindet. Die Bedrohung muss nicht tatsächlich existieren, es genügt die überzeugte Annahme des Angegriffenen, sich in einer lebensbedrohlichen Situation zu befinden. Sobald keine Lebensgefahr mehr besteht, muss das Opfer sofort seine Verteidigungshandlungen einstellen.

⇩ Der Würgegriff von hinten

A Ein Angreifer hält Sie mit seinem rechten Arm von hinten im Würgegriff.

B Stoßen Sie mit einem Schritt nach rechts Ihren linken Ellbogen in den Magen des Angreifers, so dass dieser nach Luft ringen muss und die Umklammerung lockert.

C Schieben Sie mit einem schnellen Rückwärtsschritt Ihren linken Fuß hinter sein rechtes Bein und zielen Sie mit einem kräftigen Stoß zum Gesicht oder Hals. Durch die Stoßbewegung wird der Angreifer zurückgedrängt, stolpert über Ihr Bein und kommt zu Fall. Vor weiteren Angriffen sicher, können Sie nun die Flucht ergreifen.

⇩ Der Schultergriff von der Seite

A Ein Angreifer packt Sie von der Seite mit seinem linken Arm an der Schulter.

B Schwingen Sie Ihren rechten Arm nach oben und dann über den Arm des Gegners hinweg nach hinten, sodass sein Ellbogen blockiert wird und der Angreifer automatisch zurückweicht.

C Mit einem schnellen Schritt nach rechts kommen Sie hinter seinen linken Fuß und zielen mit einem Handkantenschlag (siehe S. 44) zum Hals.

⇩ Hakenförmiger Fauststoß

Mit dieser einfachen, aber effektiven Technik können Sie einen Angreifer leicht zu Fall bringen. Sie basiert auf Schnelligkeit und einem Überraschungsmoment.

Denken Sie immer daran, dass Sie während der gesamten Aktion in unmittelbarer Nähe des Gegners stehen. Dies bedeutet ein erhöhtes Risiko, falls Ihre Taktik misslingt oder Sie unsicher sind, welchen Schritt Sie als nächstes ausführen sollen. Wenn Sie nicht schnell und mit absoluter Entschlossenheit handeln, findet der Gegner leicht eine Gelegenheit, um zurückzuschlagen.

A Sie werden mit einem rechten hakenförmigen Fauststoß zum Gesicht angegriffen. Diese Technik wird auch als »Schwinger« bezeichnet.

B Bilden Sie mit gestreckter Hand einen Abwehrblock mit links (Bewegungen mit gestreckter Hand sind schneller als Fausttechniken). Führen Sie nun mit rechts einen Fauststoß zum Gesicht des Angreifers, während Sie mit links weiterhin seinen rechten Arm blockieren.

C Öffnen Sie Ihre rechte Hand, die sich immer noch dicht vor dem gegnerischen Gesicht befindet, um den Gegner im Nacken zu packen und nach vorne zu ziehen. Gleichzeitig drücken Sie mit Ihrer linken Hand seinen rechten Arm nach unten. Zwangsläufig beugt der Angreifer seinen Körper nach vorne. Nutzen Sie nun die Nähe zum Gegner für einen Kniestoß mit rechts.

D Führen Sie Ihr rechtes Bein, ohne es abzusetzen, hinter das Bein des Gegners und ziehen Sie es nach vorne. Mit dieser Fegetechnik wird der Angreifer zu Fall gebracht. Setzen Sie gleichzeitig zu einem Handballenstoß zum Kinn an (siehe S. 45). Zielen Sie dabei mit Ihren Fingerspitzen auf die Augen des Gegners.

E Während der Angreifer zu Boden geht, drücken Sie Ihr linkes Knie in seinen linken Ellbogen, wobei Sie weiterhin seinen Arm umklammern. Diese Technik zwingt ihn in eine Seitenlage, in der er Ihnen schutzlos ausgeliefert ist, da er aus dieser Position am Boden weder mit den Beinen noch mit der linken Hand einen Gegenangriff ausführen kann.

F Setzen Sie nun mit einer Drehung auf dem rechten Fußballen zu einem Kniestoß gegen die Hüfte oder den unteren Rippenbereich an. Führen Sie gleichzeitig einen Fauststoß gegen seine Brust. Sobald der Gegner kampfunfähig ist, können Sie die Flucht ergreifen.

A

B

C

D

E

F

Glossar

Ahob	koreanisch: neun
Aizu	Handzeichen und Kommandos des Kampfleiters
An-makki	Innenblock
Ap-chagi	Vorwärtstritt
Ap-kubi-chagi	gestreckter Vorwärtstritt
Apkubi-sogi	Vorwärtsstellung
Bakkat-makki	Außenblock
Cha hyang Cha	Linksdrehung
Chabi	Chinesische Kampfkunst aus Elementen des Kenpo und Jujutsu (auch als Taiken bekannt)
Charyot	Achtung
Chayu-Taeryon	Freikampf, Übungskampf unter Anleitung
Dasot	koreanisch: fünf
Dobok	Taekwondo-Anzug
Dojang	Trainingsstätte, Taekwondo-Studio
Dollyo-chagi	Halbkreistritt
Doosubang	koreanische Polizeikampfkunst
Dora	Drehen
Dul	koreanisch: zwei
Dwiro Dora	Umdrehen
Dwit-chagi	Rückwärtstritt
Dwit-dollyo-chagi	Rückwärtsdrehschlag
Fokus	Fähigkeit, im entscheidenden Auftreffmoment Schlagkraft, Körperbeschleunigung Konzentration und Kihap miteinander zu verbinden.
Großmeister	Gelehrter Meister höheren Ranges, dessen Schüler bereits einen Meistergrad erlangt haben. Der Titel des Großmeisters wird erst ab dem siebten Grad des schwarzen Gürtels (siebter Dan) verliehen.
Guman	Kampfende, Rückkehr in die Ausgangsposition
Haftungsverzicht	Rechtliches Dokument, in dem der Unterzeichner eventuelle Risiken, die bei der Ausübung einer Sportart auftreten, akzeptiert und hieraus resultierende Haftungsansprüche ausschließt.
Hana	koreanisch: eins
Handan-makki (Arae-makki)	Tiefblock
Hosinsul	die Kunst der Selbstverteidigung
Hyong	Form oder traditionelle Schrittfolge, die als Trainingstechnik eingesetzt wird (auch als Poomse bekannt).
Ilgob	koreanisch: sieben
ITF	International Taekwondo Federation: von Choi Hong Hi speziell für die Anhänger seines Taekwondo-Stils gegründeter Kampfsportverband.
Jongdan-jirugi	Fauststoß zum Rumpf
Juchum-sogi	Sitzstellung
Junbi-sogi	Ausgangsstellung (Vorbereitung)
Karate	Kampfkunst aus Okinawa / Japan
Kihap	Kampfschrei, der im Moment des Auftreffens ausgestoßen wird.
Kungsoodo	eine Kampfkunst (leere Hände)
Kup	Koreanische Bezeichnung für die Schülergrade (1.-9. Kup)
Kwan	Schule oder Verband, die einen spezifischen Taekwondo-Stil lehren.
Kwon-bup	chinesisches Boxen
Kyesok	Kommando: Weiterkämpfen
Meister	Gelehrter Meister auf dem Gebiet der Kampfkünste, mindestens Träger des vierten Dans.
Net	koreanisch: vier
Sabom-nim	Lehrer
Sangdan-jirugi	Fauststoß zum Kopf
Sangdan-makki (Olgul-makki)	Gesichtsblock
Set	koreanisch: drei
Shotokan	von Gichin Funakochi begründete japanische Karate-Stilrichtung

Glossar

Shudokan	von Toyama Kann Ken begründete japanische Karate-Stilrichtung
Sijak	Kommando: Kampfbeginn
Sogi	Stellung
Sonnal dung	Innenhandkante (Schlag mit der inneren Handkante)
Sparring	kontrollierter Freikampf
Sudo-chigi (Sonnal-chigi)	Schlag mit der äußeren Handkante
Taekwondo	koreanische Kampfkunst (Weg der Hand und des Fußes)
Taeryon Chagi-sogi	Kampfstellung beim Sparring
Taesoodo	koreanische Kampfkunst (Weg des Trittes und der Faust)
Ty / Ti	schwarze Gürtel
WTF	World Taekwondo Federation: von der koreanischen Regierung anerkannter Taekwondo-Verband; kontrolliert die Ausübung von Taekwondo im Vollkontakt-Modus bei den Olympischen Spielen.
Yodul	koreanisch: acht
Yol	koreanisch: zehn
Yop-chagi	Seitwärtstritt
Yop-jirugi	Seitwärtsfauststoß
Yosot	koreanisch: sechs
Yu Dan Cha	Schwarzgurtträger

Wichtig: Bei den Recherchen zu diesem Buch wurden große Unterschiede in der Terminologie und Schreibweise der einzelnen Techniken und Stellungen sowie der verschiedenen Taekwondo-Begriffe festgestellt. Daher können die in diesem Buch verwendeten Termini von Begriffen anderer Quellen abweichen.

Bildnachweis

Alle Fotos stammen von James Evans (S. 22, 24, 27, 41, 44, 47, 48, 53, 55, 68, 69, 74, 76, 84, 85, 86) und Nicolas Aldridge mit Ausnahme der Fotos, die von folgenden Fotografen und / oder Bildagenturen zur Verfügung gestellt wurden (die Rechte bleiben bei diesen Personen und / oder ihren Agenturen):

S.4-5	Corbis
S. 8	Rob Young
S. 9	Corbis
S. 10	Rob Young
S. 12	Rob Young
S. 13	Mohamed Jaffer
S. 20	Corbis
S. 23	Tony Stone Images/Gallo Images
S. 25	Sporting Images
S. 31	Empics
S. 37	Rob Young
S. 39	Rob Young
S. 43	Rob Young
S. 61	Empics
S. 81	Empics
S. 82	Empics

Der Verlag dankt allen Personen, die bei der Darstellung der Bewegungsfolgen in diesem Buch als Modell mitgewirkt haben.

Nützliche Adressen

Nationale und internationale Taekwondo-Organisationen

Die World Taekwondo Federation (WTF) ist als Dachverband für den Taekwondo-Sport anerkannt vom Internationalen Olympischen Komitee (IOC) und von der General Association of International Sports Federation (GAISF). 168 nationale Taekwondo-Vereinigungen sind Mitglied in der WTF. Es gibt allerdings auch noch eine ganze Reihe weiterer Taekwondo-Verbände, die nicht der WTF angeschlossen sind.

Deutsche Taekwondo Union

- Dorothea Fritzsche
- Luisenstraße 3
- 90762 Fürth
- Tel: (0911) 9748888
- Fax: (0911) 9748890
- Internet: www.dtu.de

International Taekwondo Federation Deutschland

- Sven Heinrich
- Hochmeisterstraße 6
- 51065 Köln
- Tel: (0221) 693874
- Fax: (0221) 693874
- Internet: www.itf-d.de

Taekwondo Union Baden-Württemberg

- Renate Brückel
- Feldbergstraße 2
- 76327 Pfinztal
- Tel: (07240) 942256
- Fax: (07240) 942257
- Internet: www.tubw.de

Bayerische Taekwondo Union

- Renate Heng
- Georg-Brauchle-Ring 93
- 80992 München
- Tel: (089) 15702364
- Fax: (089) 15702365
- Internet: www.btu-online.de

Berliner Taekwondo Verband

- Christian Staats
- Alte Schönhauser Straße 14
- 10119 Berlin
- Tel: (030) 2807659
- Fax: (030) 2807659
- Internet: www.btv-Berlin.de

Taekwondo Landesverband Bremen

- Uwe Süßmann
- Schmidtstraße 30
- 28203 Bremen
- Fax: (0421) 7948311

Hamburgische Taekwondo Union

- Hamid Rahimi
- Germanenweg 18c
- 22455 Hamburg
- Tel: (040) 55971500
- Fax: (040) 55971501
- Internet: www.taekwondo-hamburg.de

Hessische Taekwondo Union

- Cornelia Baus
- Langenbergheimer Straße 21
- 63546 Hammersbach
- Fax: (06185) 947
- Internet: www.h-t-u.de

Taekwondo Union Mecklenburg-Vorpommern

- Thomas Freitag
- Rosenweg 4
- 23936 Grevesmühlen
- Tel: (0721) 151429479
- Fax: (0721) 151429479
- Internet: www.tumv.de

Nationale und internationale Taekwondo-Organisationen

Niedersächsiche Taekwondo Union

- Arndt Goschzik
- Hummelweg 4
- 29614 Soltau
- Tel: (05191) 976155
- Fax: (05191) 976156
- Internet: www.ntu.de

Nordrhein-Westfälische Taekwondo Union

- Andreas Braun
- Johanniterstraße 114
- 47053 Duisburg
- Tel: (0203) 666522
- Fax: (0203) 665172
- Internet: www.nwtu.de

Taekwondo Union Rheinland-Pfalz

- Karl-Heinz Gehring
- Heckweg 19
- 55743 Idar-Oberstein
- Tel: (06781) 24688
- Fax: (06781) 70470
- Internet: www.turp.de

Taekwondo Union Saar e.V.

- Maria Haab
- Gartenstraße 33
- 66578 Schiffweiler

Taekwondo Union Sachsen

- Rolf Heinze
- August-Bebel-Str. 32
- 04275 Leipzig
- Tel: (0341) 3018374
- Fax: (0341) 3029879
- Internet: www.taekwondo-union-sachsen.de

Taekwondo Union Sachsen-Anhalt

- Sandy Piele
- Colbitzer Straße 11
- 39326 Wolmirstedt
- Tel: (039201) 32070
- Fax: (039201) 32070
- Internet: sport.freepage.de/tusawms

Taekwondo Verband Schleswig-Holstein

- Wolfgang Thormählen
- Op de Högt 6
- 25337 Elmshorn
- Tel: (04121) 408422
- Fax: (04121) 408423
- Internet: www.tv-sh.de

Taekwondo Union Thüringen

- Claus-Dieter Richter
- Jägerstraße 5
- 06618 Naumburg
- Fax: (03647) 423217

Schweizerischer Taekwondo Verband

- Cathy Rindisbacher
- Weiherweg 20
- CH-2562 Port
- Tel: +41 (0) 32 3332150 oder +41 (0) 76 5407879
- Fax: +41 (0) 32 3315992
- Internet: www.taekwondo.ch

Österreichischer Taekwondo Verband

- Generalsekretariat
- Grinningerstraße 15
- A-4050 Traun
- Tel: +43 (0) 7229 76200
- Fax: +43 (0) 7229 66499
- Internet: www.oetdv.at

INDEX